Avertissement :

Ce livre est une réédition des travaux d'Étienne de Villaret sur la numismatique japonaise, publiés dans la *Revue numismatique* de 1892.

Quelques coquilles typographiques ont été corrigées, ainsi que certaines transcriptions erronées de noms propres. De plus, les voyelles longues de la langue japonaise n'étaient pas indiquées de façon systématique dans le texte original ; nous avons donc décidé de signaler dans la présente édition toutes les voyelles longues (*o* et *u*) au moyen d'accents circonflexes.

Les illustrations en troisième partie de cet ouvrage sont présentées à la même échelle que dans la *Revue numismatique*. Toutefois, il n'est pas exclu que certaines pièces aient été très légèrement déformées entre la numérisation et les manipulations successives d'un logiciel à un autre...

Bunkasha International, 2014

ISBN 978-4-907009-10-6

NUMISMATIQUE

JAPONAISE

PAR

E. DE VILLARET

Capitaine d'infanterie breveté, Membre de la Mission
militaire française au Japon

OUVRAGE ACCOMPAGNÉ DE 166 DESSINS DE MONNAIES

———————

(Extrait de la *Revue numismatique*, 1892)

———————

PARIS

CHEZ C. ROLLIN ET FEUARDENT

4, place Louvois, 4

—

1892

NUMISMATIQUE JAPONAISE

———————

Un travail de cette nature ne vaut, en somme, que par le nombre et l'exactitude des dessins qui en éclairent le texte. Toute description est impuissante à évoquer dans l'esprit le mieux doué l'idée exacte d'un monument monétaire, et cette impuissance est surtout complète quand il s'agit des productions d'un peuple dont l'écriture est formée d'idéogrammes compliqués, tout à fait étrangers à nos conceptions européennes.

Avant tout, par conséquent, il fallait parler aux yeux, mais bien parler. Si donc cette étude sur la *Numismatique japonaise* présente quelque intérêt, il est dû surtout au savant consciencieux, à l'artiste de cœur et de talent qui, par pur amour pour la science, a bien voulu employer son temps et sa peine à la reproduction scrupuleuse de la plupart des monnaies qui composent ma collection. Que M. Laugier, l'éminent conservateur du Cabinet des Médailles de la ville de Marseille, veuille bien recevoir ici l'hommage le plus sincère de ma reconnaissance, et qu'il me permette de lui dédier ce travail d'un numismatiste d'aventure bien peu digne de s'abriter sous un nom aussi connu que respecté.

PREMIÈRE PARTIE

I

COUP D'ŒIL SUR L'HISTOIRE
MONÉTAIRE DU JAPON[1]

L'histoire monétaire du Japon peut se diviser en cinq périodes bien distinctes :
1° De l'origine au commencement du VIIIe siècle (708) ;
2° Du VIIIe siècle à la seconde moitié du Xe (958) ;
3° De la seconde moitié du Xe à la fin du XVIe (1587) ;
4° De la fin du XVIe à la fin du XIXe (1870) ;
5° De 1870 à l'époque présente.

1. — *De l'origine du Japon au commencement du VIIIe siècle.*

La tradition et la légende, d'accord avec l'histoire des premiers âges japonais, permettent d'affirmer que si, aux époques les plus reculées, les aborigènes connaissaient les métaux, ils n'avaient aucune notion des richesses métallifères de leur sol.

Des quantités assez notables d'or et surtout d'argent furent, dès le IIe siècle de notre ère, importées de la Corée pour être offertes par les princes de cette contrée aux souverains du Japon. Parmi les donateurs, citons notamment les seigneurs de Shiragi, de Korai, de Kudara, provinces alors indépendantes comprises aujourd'hui dans les limites du royaume coréen. Sous quelles formes étaient présentés ces métaux ? Il est difficile de le préciser, mais très

---

1 Au Japon, plus qu'en tout autre pays du monde peut-être, il est difficile de démêler la vérité dans les annales confuses des premiers âges. En ce qui concerne l'histoire des monnaies, le gouvernement du Mikado s'est efforcé cependant de grouper les données les plus sérieuses dans un très bel ouvrage, le *Dai Nippon ka heishi*. Bien qu'un peu diffus, c'est un document inestimable dans lequel il a été largement puisé pour cette courte monographie. Voir au surplus pour tout ce qui a trait à l'histoire et à la géographie du Japon, *Dai Nippon* (Le Japon) par le capitaine de Villaret. Delagrave, éditeur, 1889.

vraisemblablement cependant en barres ou en lingots.

C'est vers l'an 200 de notre ère qu'une impératrice célèbre dans l'histoire du Japon, Jingû-Kôgô, entreprit et mena, dit-on, à bonne fin la conquête de la péninsule coréenne [1].

Les richesses naturelles que laissait deviner la splendeur des dons antérieurement offerts par les princes, qui se disputaient la prépondérance dans la péninsule, éveillèrent, dit-on, la convoitise de la souveraine du Japon. Peut-être faut-il en partie attribuer l'expédition dont il vient d'être question au désir de s'approprier de larges quantités de métaux précieux, en atteignant la source même de leur production. Soumis ainsi par la force à l'obligation de payer un tribut, les princes coréens continuèrent à introduire de l'or et de l'argent dans l'empire du Soleil Levant.

Entre temps, quelques relations commerciales s'étaient engagées avec la Chine, et, vers la fin du IIIᵉ siècle après J.-C., des présents étaient déjà régulièrement échangés entre les deux pays.

La quantité de métal précieux reçu ainsi de l'étranger depuis de longues années devait même former un stock assez considérable, car sous le règne de l'empereur Kensô (Kensô Tennô), 485-487, il fut fait, en utilisant très probablement ces ressources, une émission fort restreinte de monnaies d'argent connues sous le nom de *gin munon sen* (pièce d'argent ne portant aucune inscription). Il paraît certain qu'aucune monnaie de cuivre ne fut émise à la même époque.

La première monnaie japonaise connue fut donc une pièce d'argent fabriquée avec du métal venu de l'étranger. L'une d'elles valait alors 1 *koku* de riz, soit un peu moins de deux hectolitres.

Certains auteurs, notamment celui du *Wakan-sansai-zu-ei*, prétendent, il est vrai, qu'avant cette époque il existait des monnaies d'or, d'argent et de cuivre, ayant les unes et les autres même forme et même volume, celles d'or valant 10 fois celles d'argent, ces dernières 10 fois celles de cuivre. Aucun document précis, aucune découverte ne permettent de contrôler cette assertion, ni de la prendre réellement au sérieux.

1 Des études récentes ont permis à certains critiques de nier la conquête de la Corée par Jingû-Kôgô. En admettant l'exactitude de cette manière de voir, les relations de la Corée et du Japon ne peuvent cependant être mises en doute. Au point de vue spécial qui fait l'objet de cette étude, les conclusions restent les mêmes. Il est incontestable en effet que la Corée fut jadis tributaire du Japon.

Deux siècles se passèrent ainsi dans les mêmes conditions apparentes ; mais c'est au cours de cette période que la doctrine de Confucius et que le Bouddhisme firent successivement leur apparition au Japon. Il est probable qu'avec les bonzes coréens, qui vinrent à dater de 552 prêcher les nouvelles doctrines, les connaissances générales firent aussi de grands progrès, et que des recherches durent alors être entreprises pour découvrir les métaux, que ne pouvait manquer de renfermer le sol volcanique du Japon.

Quoi qu'il en soit, et bien que leur civilisation fût relativement avancée, les Japonais n'avaient pas su encore, au milieu du VIIe siècle de notre ère, tirer des roches qu'ils foulaient aux pieds les métaux nécessaires à la fabrication de monnaies qu'ils savaient cependant indispensables à la vie économique de la nation déjà fortement constituée.

Très peu nombreuses, ayant une valeur trop grande pour les transactions journalières, les pièces d'argent dont il vient d'être question ne durent avoir certainement qu'un cours des plus limités. Toutes, ou presque toutes les transactions étaient basées sur le système des échanges directs.

Cependant quelques données assez précises rapportées par le *Kin-gin-zu-roku* permettent de supposer qu'il était aussi fait autrefois usage, comme espèces courantes, d'abord de coquillages et aussi de quelques pierres rares dites *shiu-giyoku*. Les mêmes faits se retrouvent à l'origine de tous les systèmes monétaires.

Mais un événement important allait au point de vue qui nous occupe bouleverser le Japon. En 674, sous Temmu Tennô, des mines d'argent étaient signalées dans l'île *Shimo Tsukata* du groupe des Tsushima, lequel appartenait déjà à l'Empire du Soleil Levant. Ces îles se trouvent à égale distance de la Corée et du Japon dans le détroit qui sépare au sud ces deux pays. Le premier spécimen de métal vraiment japonais fut offert à l'empereur. L'élan était donné, les découvertes de gîtes métallifères se succédèrent alors rapidement.

Quelques années plus tard, en effet, — 698, — on trouva des mines de cuivre, d'étain, d'or, et, à partir de cette époque, les émissions de monnaies vont se succéder assez activement. Elles seront étudiées en détail dans la 2e partie de ce travail.

Disons seulement que les monnaies du Céleste Empire étaient alors en grand honneur et qu'entretenant des relations amicales assez étendues avec quelques princes chinois, le souverain du Japon fit appel à des artisans de cette nationalité pour organiser la fabrication de ses espèces courantes. Elles furent d'ailleurs servilement copiées sur celles qui étaient en usage à la même époque dans le continent voisin.

Le Japon, d'ailleurs, adoptait alors la civilisation chinoise avec la passion peu raisonnée qu'il met aujourd'hui à calquer les institutions européennes.

2. — *Du VIIIe siècle à la seconde moitié du Xe.*

Le premier élan qui fut, au point de vue monétaire, la conséquence de la découverte du cuivre, de l'argent et de l'or sur le territoire japonais, ne dura pas longtemps. Le pays, en effet, était en pleine fermentation. Les éléments divers qui le composaient s'amalgamaient douloureusement pour former la nation japonaise, et le soin relatif qu'on apportait d'abord à la fabrication des espèces courantes alla bien vite s'affaiblissant.

D'autre part, les ouvriers chinois furent vraisemblablement remerciés dès que leurs élèves se crurent assez habiles pour se passer de conseillers ou de maîtres. Ces premiers disciples maintinrent encore les bonnes traditions pendant quelques années, puis les espèces monétaires déclinèrent avec rapidité tant au point de vue de la composition du métal employé que de la fabrication proprement dite. Leur dimension alla diminuant à chaque nouvelle émission, et les monnaies fondues vers le milieu du Xe siècle sont des disques informes d'un métal avili sur lesquels il est parfois impossible de lire les caractères distinctifs.

D'ailleurs, au milieu des luttes intestines qui déchiraient alors le Japon, pendant les époques troublées où la brutalité seule semblait régner dans des contrées jadis relativement florissantes et policées, les travaux miniers avaient été, en ce qui concerne du moins les métaux monétaires, complètement délaissés. Le fer seul et l'acier, dont on faisait déjà des armes excellentes étaient l'objet pour ainsi unique des travaux métallurgiques.

La conséquence immédiate de cet abandon des mines existantes, fut la pénurie du cuivre qui entrait pour la plus large part dans la composition des monnaies d'alors.

C'est à ce fait, et aussi au désir d'augmenter la quantité des espèces courantes qu'il faut attribuer les dimensions sans cesse décroissantes des pièces successivement émises jusqu'en 958. Ne disposant plus de cuivre, certains établissements en furent même réduits à fondre des monnaies de plomb ou d'étain. Bien que détestable, du numéraire japonais fut cependant régulièrement émis jusqu'à la date que nous venons de citer. Puis l'anarchie, les guerres civiles, prirent encore de l'extension, un voile sanglant sembla peser sur l'empire du Soleil Levant, et pendant près de six siècles on ne retrouve plus pour ainsi dire aucune trace d'émissions régulières.

3. — *De la seconde moitié du Xe siècle à la fin du XVIe.*

Nous venons d'indiquer d'une façon un peu absolue la caractéristique de l'histoire japonaise au point de vue spécial qui nous occupe. Il est bien certain cependant que le peuple qui, depuis le VIIIe siècle, avait pu apprécier les avantages nombreux des espèces métalliques, ne pouvait pas être pendant une période de six cents ans privé de tout numéraire.

C'est ainsi qu'il se fit alors un très grand usage de « poudre d'or », et que, sans tenir compte de l'époque de leur émission, toutes les espèces existantes furent utilisées.

Il n'est également pas douteux qu'une grande quantité de fausses monnaies dut aussi se glisser dans la circulation et l'imperfection du dernier numéraire émis régulièrement était d'ailleurs de nature à faciliter beaucoup l'œuvre de faussaires même peu habiles.

D'une façon générale, la période qui s'étend du VIIIe au Xe siècle fut donc remarquablement troublée. Elle présenta cependant quelques époques de calme et de prospérité relative pendant lesquelles la question monétaire ne manqua pas de préoccuper ceux qui détenaient l'autorité suprême. Il est difficile de savoir si l'on songea sérieusement à reprendre les émissions normales des espèces nationales. Ce qui est hors de doute cependant, c'est que cette pensée bien naturelle ne fut pas mise à exécution.

On trouva plus simple de régulariser, d'admettre officiellement la circulation déjà très étendue de numéraire chinois que des importations irrégulières ou les hasards de sinistres maritimes avaient mis à la disposition des populations et du gouvernement japonais. Les plus répandues de ces monnaies chinoises sont, en raison des inscriptions qu'elles portent, connues au Japon sous le nom d'*eiraku sen*, prononciation japonaise des caractères idéographiques dont elles portent l'empreinte.

Cependant, quelque grand que put être le nombre des espèces saisies sur les navires chinois naufragés, il ne permet pas d'expliquer la profusion des monnaies de cette nature qu'on trouve encore de nos jours dans l'empire du Soleil Levant. Il est donc certain que dans les périodes d'accalmie qui devinrent plus fréquentes à partir du XIVe siècle, les empereurs ou les shogun émirent des monnaies de fabrication indigène, mais portant les caractères mêmes de celles qui provenaient du continent voisin. D'autre part, il paraît démontré que de grandes quantités de numéraire de même nature furent achetées en Chine pour le compte du gouvernement japonais. En tout état de cause, il est enfin hors de doute que, dans le courant des XVe et XVIe siècles, les monnaies de cuivre en circulation étaient à peu près exclusivement celles dont nous venons d'indiquer l'origine.

C'est au cours des luttes incessantes qui, comme il a été dit précédemment, firent reculer de plusieurs siècles la civilisation japonaise, que des soldats, plus heureux ou plus habiles, surent se rendre presque indépendants dans les territoires qu'ils avaient conquis ou pacifiés. La Féodalité se trouvait ainsi constituée ; elle devait, avec des vicissitudes diverses, survivre jusqu'en 1868.

Parmi les territoires formant ainsi les fiefs des nouveaux seigneurs, se trouvaient des régions montagneuses riches en gisements métallifères.

La période des luttes passée, on songea à utiliser ces ressources, et c'est ainsi qu'à côté du numéraire émis par le gouvernement central ou autorisé par lui, se créèrent des systèmes monétaires, particuliers en quelque sorte à chaque province, mais ce numéraire n'avait naturellement cours que sur les domaines du prince par ordre duquel il avait été fabriqué.

Il semble du reste qu'on se soit assez médiocrement occupé des monnaies de cuivre facilement imitées. L'initiative des seigneurs parut s'exercer plutôt sur celles d'or et d'argent, et les formes adoptées ainsi que le mode de fabrication, tout à fait étrangers aux types et aux méthodes chinoises, sont ainsi une preuve de l'originalité naissante des conceptions japonaises.

S'il est certain que des monnaies d'or et d'argent furent émises avant le milieu du XVIe siècle en divers points du Japon, il est également hors de doute qu'elles ne furent que peu ou point employées comme espèces courantes, tant en raison de la rareté relative du métal utilisé que de leur valeur, laquelle représentait au point de vue des échanges des sommes beaucoup trop considérables pour les besoins usuels. Le plus souvent, les seigneurs les donnaient à leurs vassaux ou serviteurs préférés à titre de souvenirs ; n'est-ce point par un sentiment analogue que certaines familles conservent encore chez nous, parmi leurs bijoux, des pièces d'or de 100 francs ?

Comme nous venons de le laisser entrevoir, en même temps que se rétablissaient le calme et une marche normale des affaires, la nation japonaise, définitivement constituée, sentait fermenter en elle des aspirations nouvelles.

Sorti comme rajeuni de ces longues crises, le pays, quoique fortement imprégné de civilisation chinoise et portant des traces ineffaçables de l'influence du continent voisin, avait pris cependant une sorte de cachet spécial. Un mouvement intellectuel et artistique, qu'on pourrait appeler la « Renaissance japonaise », allait éclater sous l'influence de trois hommes de génie : Nobunaga, Hideyoshi et Ieyasu. Ces hommes, qui vécurent tous dans la seconde moitié du XVIe siècle, ne furent pas, il est vrai, les souverains du Japon, mais ils n'en eurent pas moins la gloire d'exercer une influence décisive et heureuse sur les destinées de leur patrie.

4. — De la fin du XVIe siècle à la fin du XIXe.

A l'anarchie formidable qui avait signalé les siècles passés, allait succéder une ligne de conduite et un ordre presque parfaits. L'empereur, le souverain unique, celui que les Européens appellent Mikado, n'exerça plus, il est vrai, l'autorité réelle, mais, théoriquement du moins, c'était toujours en son nom que les mesures importantes étaient prises.

Les émissions de monnaies, notamment, furent constamment faites sur un ordre de l'empereur provoqué par le shogun, ou sur l'initiative de celui-ci agissant par délégation du souverain.

Cette sorte de renaissance, à laquelle nous avons fait allusion, se manifesta dans toutes les branches de l'art et de l'industrie. La situation monétaire, déplorable depuis des siècles durant lesquels on n'avait vécu que d'expédients, fixa d'abord l'attention. Des établissements pour la fabrication des espèces d'or, d'argent et de cuivre furent organisés à Edo (Yedo) et dans les villes les plus importantes des territoires comprenant des régions minières ou plus immédiatement soumis à l'influence des shogun. Un système monétaire complet fut constitué de toutes pièces, et à dater de 1587, les émissions commencèrent de nouveau avec une grande activité, jetant dans le pays des monnaies qui, sans être supérieures à celles des premiers siècles, pouvaient du moins leur être comparées. La circulation des espèces chinoises fut dès lors interdite officiellement, mais elle continua pratiquement pendant de longues années encore.

Les principaux daïmio (seigneurs) autorisés par le souverain et par le shogun imitèrent les exemples donnés par le gouvernement central et lancèrent dans la circulation, pour les besoins de leurs vassaux directs, un numéraire comparable à celui dont il vient d'être question au double point de vue de la qualité et de la forme.

Jusqu'en 1868, les empereurs immuables à Kyoto, et les shogun de la famille des Tokugawa se succédèrent sans apporter de modifications sérieuses aux procédés et aux principes posés à la fin du XVIe siècle, au sujet des espèces monétaires.

Dans les moments de besoin, cependant, quand le trésor était vide, ou qu'il fallait faire face à une dépense considérable, le gouvernement n'hésitait pas à prescrire une refonte générale des monnaies et à émettre de nouvelles séries inférieures aux précédentes, comme qualité et comme poids.

Ces agissements, en somme peu habiles, n'eurent pas

effectivement plus de succès au Japon qu'à Rome, en Grèce ou dans notre pays. Quelle que fût la valeur nominale des espèces émises, les négociants ne les prenaient, en définitive, que pour leur valeur réelle, en élevant le prix de leurs marchandises à mesure que diminuait la valeur intrinsèque des métaux monnayés.

C'est ainsi que le Japon atteignit le milieu du XIXᵉ siècle et, que dès 1854, l'apparition des étrangers vint bouleverser la situation économique du pays. Pendant deux siècles et demi, l'empire du Soleil Levant avait vécu complètement isolé du monde extérieur.

L'or et l'argent, bien que produits en faibles quantités, s'étaient accumulés ainsi en proportions relativement notables, de telle sorte, qu'à l'arrivée des Européens, le rapport de la valeur de l'argent à celle de l'or était environ de 1/6.

Dès qu'ils furent admis à commercer, les étrangers profitèrent de cette situation pour drainer tout l'or du pays. Ces opérations furent l'occasion de trafics scandaleux et d'agissements dont les Japonais ont encore gardé le cuisant souvenir. Ils cherchèrent à se défendre par des procédés aussi peu habiles que choquants et, en fin de compte, l'or qui jadis était relativement commun au Japon, y est extrêmement rare.

En même temps que des monnaies à valeur fixe, le gouvernement fondit encore, à toutes les époques, des lingots d'argent de volumes les plus divers et à des titres essentiellement variables avec les périodes d'émission.

5. — *De 1870 à l'époque présente.*

Nous avons indiqué, dans la première partie de ce chapitre, l'engouement avec lequel les habitants du Nippon avaient, dans les premiers siècles de notre ère, adopté tous les usages chinois.

Entrés un peu par force en relations avec les Européens, les Japonais de notre époque, dignes fils de leurs ancêtres, saisis du même esprit d'imitation peu réfléchi, s'efforcèrent de copier servilement la civilisation des races blanches. S'entourant notamment d'ingénieurs et de spécialistes anglais, ils réformèrent, dès 1870, tout leur système monétaire, en substituant aux types et aux méthodes usités depuis des siècles les formes et les procédés de fabrication en usage dans nos contrées. Les monnaies japonaises émises depuis 20 ans ne présentent donc plus qu'un intérêt fort relatif.

Nous venons, dans les pages qui précèdent, de parcourir rapidement l'histoire japonaise au point de vue monétaire. Nous avons voulu seulement grouper, dans ce bref exposé, une vue d'ensemble de la question, sans entrer dans aucun des détails techniques qui font l'objet des chapitres suivants. Il a paru intéressant, avant d'aborder cette étude, d'indiquer l'étroite relation qui existe entre les vicissitudes diverses de la nation elle-même et celles qui ont marqué les émissions de ses espèces métalliques.

II

MÉTAUX MONÉTAIRES

Les raisons pour lesquelles, à toutes les époques et chez tous les peuples, on fut amené à choisir, comme métaux monétaires principaux, l'or, l'argent et le cuivre, les firent également adopter au Japon, dès la plus haute antiquité. Aux bonnes époques, l'or et l'argent étaient employés à peu près purs de tout alliage. Mais le titre était essentiellement variable, suivant les émissions, en présentant cependant ce caractère constant que chacun des métaux, dont il vient d'être question, n'était allié qu'à celui qui lui était immédiatement inférieur en noblesse. C'est ainsi que l'or n'était allié qu'à de l'argent, et l'argent au cuivre.

L'or, parfois, était mélangé à une telle quantité d'argent, que le métal obtenu pourrait être assez exactement comparé à l'*électrum* de l'antiquité.

La composition des monnaies d'argent fut soumise aux mêmes variations, et dans cette série, on trouve des spécimens composés d'argent pour ainsi dire pur, et d'autres comprenant plus de 60% de cuivre. Enfin, dans la catégorie des lingots poinçonnés, ceux qui ont été émis à partir de 1854, se composent simplement de cuivre saucé.

L'alliage employé pour le numéraire que nous classerons plus loin, sous le terme générique de « monnaies de cuivre », était encore plus variable. Leur valeur était purement fiduciaire. Normalement, ces pièces avaient toutes pour base le cuivre auquel était adjoint, suivant les ressources du moment ou des mines les plus voisines du lieu de fabrication, de l'étain (constituant alors de véritables monnaies de bronze), ou du *zinc* (formant ainsi des monnaies fort recherchées de cuivre jaune ou laiton). Mais, le plus souvent, les monnaies communes étaient faites d'un alliage comprenant du cuivre, de l'étain et du plomb, dans des proportions tout à fait fantaisistes. Elles présentaient dans certains cas, et sous ce point de vue seulement, une analogie frappante avec ce numéraire, dont le métal avili est connu des numismatistes sous le nom de « potin ».

Outre les métaux monétaires fondamentaux, dont il vient d'être question, il faut en outre citer, mais à titre exceptionnel, le plomb plus spécialement employé dans les systèmes monétaires de quelques provinces particulièrement riches en gisements de cette nature.

Enfin, dans certains moments de presse, alors que le numéraire allait faire défaut, ou qu'il fallait, pour des raisons diverses, augmenter la quantité qui se trouvait dans la circulation, le gouvernement émit, à diverses reprises, des monnaies de fer, plus exactement de fonte, du même modèle général que les pièces de bronze contemporaines. Nécessairement très grossières, elles ne furent jamais acceptées volontiers par le peuple qui, seulement sous la menace de peines sévères, consentait à les prendre avec la même valeur que celles de cuivre. Elles étaient connues sous le nom générique de « *bita sen* » (pièce de mauvaise qualité).

Telle est, en quelques mots, la série des métaux monétaires et l'ordre d'idées dans lequel étaient conçus les alliages jusqu'au moment (1870) où les méthodes européennes furent, en ce qui concerne la fabrication des monnaies, acceptées par le Japon.

Le numéraire actuel est de tout point comparable au nôtre. Les alliages et les titres sont les mêmes.

III

DU DROIT D ÉMETTRE LES MONNAIES

Ateliers monétaires.

Comme nous l'avons indiqué plus haut, le droit d'émettre les monnaies était en principe réservé au souverain, à l'empereur, et, par délégation, au shogun, pendant les époques de la prépondérance de ces maires du palais.

Les daïmio ou seigneurs territoriaux avaient, en outre, le droit de faire fabriquer des monnaies valables seulement dans l'étendue de leurs domaines, tandis que celles du gouvernement central avaient cours forcé dans tout l'empire. Lorsqu'elles étaient de qualité comparable à ces dernières, les monnaies provinciales d'or et d'argent étaient cependant acceptées au poids, en quelque sorte comme lingots, dans toute l'étendue du pays.

Au point de vue pratique de la détermination des espèces, les renseignements sommaires qui viennent d'être donnés n'ont aucune importance, en ce sens que jamais le nom du souverain ou de celui qui avait donné l'ordre d'émettre des monnaies ne figure sur le numéraire.

La connaissance des ateliers monétaires n'a généralement aussi qu'une importance spéculative et pour les mêmes raisons. Dans certains cas exceptionnels, cependant, ils sont signalés par un caractère qui figure sur les pièces émises. Ces détails seront indiqués au cours de la description détaillée des espèces connues.

Sans insister, par conséquent, sur ce sujet, nous nous bornerons à dire que le plus grand nombre des monnaies émises régulièrement par le gouvernement central, à partir de la fin du XVIe siècle, furent fabriquées à Edo (Yedo) où se trouvèrent à la fois réunis des établissements distincts pour les monnaies d'or, désignés sous le nom de *kinza* (*kin* = or) ; pour les monnaies d'argent, *ginza* (*gin* =

argent), et pour celles de cuivre, *zen ya*.

Au contraire, les monnaies émises pendant la période qui s'étend du VIIIe au Xe siècle sortaient d'une série d'établissements situés à proximité des mines, produisant le métal utilisé. Ils n'avaient fréquemment qu'une existence des plus fugitives ; et, le plus souvent, étaient d'autant plus facilement déplacés que leur organisation était plus sommaire.

Quant aux monnaies provinciales, elles sortaient aussi généralement d'ateliers monétaires installés au centre des régions minières. L'organisation de ces établissements, très rudimentaire au début, s'était perfectionnée peu à peu pour devenir, avec le temps, des plus intéressantes au point de vue surtout du régime intérieur, de la division du travail et du contrôle.

IV

FORMES HABITUELLES DES MONNAIES

1. — *Monnaies de cuivre du gouvernement central.*

Ces monnaies n'ont, en définitive, jamais affecté que deux formes se rapportant à des modèles distincts.

L'un, le plus répandu, s'est maintenu intact depuis l'origine, sans autres variations que celles de ses dimensions. Il est circulaire et percé en son milieu d'une ouverture carrée. Le pourtour du disque de métal ainsi que le trou central sont bordés par un bourrelet aplati qui fait saillie sur la surface du flan [1]. (*Fig. 1, 3, 4*, etc.)

L'autre, adopté seulement en 1835 pour les monnaies, ayant une valeur nominale assez élevée, est ovale, mais, ainsi que le précédent, également percé en son centre d'un trou carré. (*Fig. 59*)

Les monnaies de la première catégorie sont communément désignées sous le nom de *sen* ; celles de la 2e, sous celui de *tempô*, du nom de la période dans laquelle eut lieu leur émission.

La forme des pièces émises, depuis 1870, est identique à celle de notre numéraire.

2. — *Monnaies provinciales de cuivre, de plomb ou de fer.*

Elles affectaient le plus souvent la même disposition générale que celles provenant des émissions contemporaines du gouvernement central.

Certaines monnaies de cuivre provinciales se distinguaient cependant par des formes bien particulières. Quelques-unes étaient circulaires, mais pleines (*fig. 117, 122*) ; d'autres carrées (*fig. 107,*

---

[1] Le but de ce bourrelet est le même que celui du « grènetis » de notre numéraire, c'est-à-dire protéger les dessins et légendes qui ornent la pièce et permettre d'en former des piles.

110, 121) ; d'autres, enfin, rectangulaires avec des angles émoussés. Dans d'autres, au contraire, le trou central était circulaire (*fig. 121, 127*). Le peuple cependant donnait sans contredit la préférence aux monnaies percées. Cette disposition facilite sensiblement, en effet, le groupement d'un grand nombre de ces pièces au moyen d'un lien quelconque.

3. — *Monnaies d'argent et d'or du gouvernement central.*

Au début, les espèces d'or et d'argent affectèrent exactement les mêmes formes que celles de cuivre. Elles étaient du même module, et n'en différaient, que par la nature du métal employé.

Dès le XVIe siècle cependant, à cette époque de renaissance signalée précédemment, le gouvernement crut utile, afin d'éviter les erreurs, de modifier radicalement la forme des monnaies d'or et d'argent. Ce furent alors des disques de métal très minces, de forme générale ovale et sans ouverture au centre. Ils étaient partout d'une épaisseur sensiblement uniforme. (*Fig. 21, 22,* etc.)

Pour les monnaies divisionnaires d'un usage commun, ces plaques minces et flexibles étaient peu pratiques, et l'usage, bientôt réglementé, leur fit donner la forme de rectangles de dimensions et d'épaisseur variables (*fig. 38, 40, 42, 46,* etc.), suivant les époques, mais leur assurant toujours une force de résistance suffisante.

Les monnaies d'or et d'argent frappées actuellement sont, au point de vue de leur forme, identiques aux nôtres. (*Fig. 77, 78*)

4. — *Monnaies provinciales d'or et d'argent.*

Comme pour les monnaies de cuivre, ce furent encore les espèces du gouvernement central qui servirent de modèles. Certains seigneurs cependant adoptèrent des formes toutes particulières.

Citons notamment ceux de Koshiû, dont toutes les monnaies d'or étaient circulaires et relativement épaisses (*fig. 85 et suivantes*). Ceux de Kaga, dont les monnaies d'argent principales étaient carrées (*fig. 103, 104*), et dont, à l'origine, celles d'or ressemblaient vaguement à une « langue de bœuf ». (*fig. 105*)

Cependant la forme dominante fut toujours ovale ou ellipsoïdale, et rectangulaire pour les petites valeurs.

5. — *Lingots d'argent poinçonnés.*

A côté des monnaies à valeur fixe, dont il vient d'être question, les Japonais employaient des lingots émis par le gouvernement, et portant une empreinte officielle fixant leur origine, leur date d'émission et, par conséquent, leur composition.

L'usage de ces lingots, ainsi, du reste, que celui de la plupart des autres monnaies d'or et d'argent, comportait l'emploi constant de la balance. Quant à la forme générale de ces lingots, elle différait suivant leur volume. Les plus gros avaient une forme grossièrement ovoïde et aplatie, les plus petits étaient plutôt circulaires, d'une épaisseur peu uniforme et généralement lenticulaires. (*Fig. 43, 44, 45, 53, 64, 65*)

Certaines provinces, mais en petit nombre, émirent aussi des lingots analogues.

Enfin, outre ces lingots coulés, il était fait un usage très fréquent de fragments de métal précieux coupés, suivant les besoins, dans des barres ou des lingots d'or ou d'argent assez volumineux. Au moment d'un achat, par exemple, la somme nécessaire au règlement du compte, formée en partie de lingots, était complétée au moyen de pièces de cuivre ou autres monnaies à valeur fixe. Les blocs ou tiges dont ces fragments étaient retirés se composaient le plus souvent de métal pur de tout alliage.

V

PROCÉDÉS DE FABRICATION

1. — *Monnaies de cuivre.*

Les monnaies de cuivre étaient fondues dans des moules de sable ; cette matière était maintenue, pendant les opérations diverses du moulage, dans des caisses en bois renforcées par des armatures de métal, bronze ou fer.

Le modèle de la monnaie future était gravé sur bronze et en relief, par l'artiste monétaire. Après approbation du souverain, ce type était utilisé pour exécuter, en étain, un certain nombre d'exemplaires de la pièce nouvelle. Ces premiers spécimens, soigneusement et facilement retouchés au burin, servaient enfin à faire des empreintes en vue des moulages définitifs.

Voici comment on opérait généralement pour cette préparation des moules.

Les modèles de zinc étaient placés par lignes parallèles, distantes de quelques centimètres, sur la surface bien dressée, formée par le sable de l'une des coquilles. La seconde coquille était ensuite placée sur la première, une légère pression suffisait pour faire pénétrer les pièces de zinc dans le sable, en y dessinant leur forme, la position relative des deux parties du moule repérée exactement, celles-ci étaient séparées, et les modèles de zinc retirés de leurs alvéoles.

Pour permettre la coulée, les différentes empreintes étaient alors réunies, par un canal oblique, à un autre plus large, creusé à égale distance de deux rangées d'alvéoles. Ces canaux médians aboutissaient à l'extérieur. Les deux parties du moule étaient de nouveau réunies et soigneusement repérées, les canaux médians débouchant dans une même rigole destinée à recevoir le métal en fusion qui garnissait ainsi toutes les cavités ménagées dans le sable.

Après complet refroidissement, les moules étaient brisés, et le métal, dégagé soigneusement du sable qui l'enveloppait, présentait alors l'apparence d'une branche munie de ses feuilles (*edasen* ; *eda* « branche », *sen* « monnaie »), ces dernières figurées par les monnaies elles-mêmes. (*Fig. 1, émission de 1736*)

Cette première opération terminée, les pièces étaient détachées une à une, ébarbées et régularisées à la lime, parfois au burin.

La première coulée de chaque émission était conservée, après avoir été soigneusement retouchée, pour rester comme le type de la nouvelle monnaie courante. Un usage à peu près constant voulait aussi qu'à chaque coulée, on fondît des médailles portant des prières Bouddhiques ou autres symboles religieux.

C'est ce système de fabrication des plus primitifs qui s'est perpétué, sans modifications appréciables, jusqu'à l'adoption, en 1870, des procédés européens. Dans toute l'histoire monétaire du Japon, antérieure à 1870, on ne cite, en effet, qu'une émission si restreinte de pièces de cuivre frappées, qu'on peut la considérer simplement comme un essai qui n'eut pas de suite.

2. — *Monnaies d'or et d'argent.*

A l'origine, les monnaies d'or et d'argent étaient exactement fondues dans les mêmes conditions que celles de cuivre. Cette méthode fut radicalement modifiée dans le courant du XVIe siècle. Voici succinctement quels furent alors les procédés employés.

Des plaques de métal fondu, d'épaisseur et de dimensions quelconques, étaient coupées en lingots se rapprochant, par leur poids, de celui de la monnaie qu'il s'agissait de fabriquer.

Chacun de ces lingots placés sur une enclume de pierre, plus ou moins soigneusement polie, était ensuite martelé de manière à atteindre l'épaisseur voulue. Au moyen de cisailles, la plaque ainsi obtenue recevait la forme qu'elle devait avoir définitivement. On lui ménageait toujours un poids supérieur à celui qu'il fallait obtenir en dernier lieu, et qui était atteint, en fin de compte, par tâtonnements et par soustractions successives.

Le disque recevait alors en creux, au moyen de poinçons, l'empreinte ou les empreintes officielles. Au début, cette marque distinctive était des plus sommaires, et la valeur des monnaies était inscrite, à l'encre noire, sur la surface de métal, par un haut fonctionnaire spécialement chargé de cette besogne. (*Fig. 21, 25*) Cette fonction était héréditaire, et le graphisme employé demandait une si grande habileté de main, qu'il était à peu près impossible de l'imiter.

Plus tard, cependant, cette précaution ne parut pas assurer des garanties suffisantes, car on chercha à donner plus de fixité à la marque et à éviter les contrefaçons en pratiquant, sur l'une des faces, des séries d'empreintes creuses, sortes de gouttières parallèles et plus ou moins rapprochées, profondes ou larges, suivant les périodes ou les lieux d'émission.

Ces empreintes étaient faites au moyen d'un marteau, dont le fer était aminci à l'une de ses extrémités. Par des coups rapides et réguliers frappés sur la surface de la monnaie, l'opérateur produisait les gouttières dont il vient d'être question. (*fig. 26, 29, 39, 152*) Leur régularité, l'uniformité de leur disposition était une garantie de l'authenticité de la monnaie. Celle opération demandait également une main des plus exercées.

Les grandes monnaies, désignées sous le nom de *ôban* (grande plaque), portaient à la fois les gouttières, l'inscription à l'encre et les poinçons du gouvernement (*fig. 28*).

Suivant les époques et les provinces, l'enclume en pierre, sur laquelle le métal était martelé, présentait des rugosités, des inégalités plus ou moins marquées, dont la trace se retrouvait au revers des disques, et fournissait ainsi un autre élément d'appréciation des plus importants (*fig. 19, 20, 104*). C'est un genre de contrôle en principe analogue à celui qui est employé en France pour les objets d'or et d'argent. La pièce de métal précieux repose, pour recevoir le coup de poinçon du vérificateur, sur une petite enclume portant certains dessins qui se trouvent reproduits sur la face opposée à la marque officielle.

Quant aux monnaies divisionnaires de petite dimension, épaisses et rectangulaires, dont il a été question précédemment, leur mode de fabrication était tout différent et, par certains points, se rapprochait du mode employé pour les médailles antiques. Dans une lame fondue de 2 centimètres environ de largeur et portée, par un martelage, à l'épaisseur voulue, les flans étaient grossièrement taillés en petits rectangles. En usant alternativement de la balance et de la lime, le flan était ensuite amené au poids voulu. Un ouvrier le mettait alors entre deux matrices, et un autre donnait, avec régularité, un grand coup de marteau pour fixer l'empreinte.

VI

POIDS ET VALEURS

1. — *Monnaies de cuivre. — Gouvernement central.*

Les monnaies de cuivre, désignées couramment sous le nom de *sen*, n'ont, en définitive, jamais eu qu'une valeur fiduciaire. Aussi, leur poids n'a-t-il été généralement déterminé par aucune règle bien précise. Il a varié suivant les époques ou les lieux de fabrication, sous l'influence de causes diverses, et notamment celle des ressources en métal.

A l'origine, cependant, il n'en était point ainsi, car primitivement le mot *sen* indiquait un poids, et ce n'est qu'avec le temps que l'usage vint ensuite de désigner par ce mot la monnaie de cuivre, alors même que son poids fût très différent du *sen* primitif.

On conçoit ainsi comment il y eut, au début surtout, des *sen* de cuivre, d'argent ou d'or.

Le *sen*, poids, équivalait à 1 *momme*, soit 3 gr. 756 ; sa valeur n'était, d'ailleurs, pas uniforme dans toute l'étendue de l'empire. Déviée plus tard de sa signification première, cette expression ne servit plus, en général, qu'à désigner la monnaie courante de cuivre.

Lorsque, pour faire face à de nouveaux besoins, le gouvernement émit des monnaies de cuivre ayant une valeur égale à plusieurs fois l'ancienne pièce de même métal, il modifia l'usage existant au sujet des dénominations : *sen* est toujours le nom générique ; l'expression *mon* indique au contraire la valeur. C'est ainsi qu'il y eut des *sen* valant 1 mon, 4 mon, etc. Pratiquement donc, on pouvait traduire le mot *sen* par *pièce* (de monnaie).

En 1870 enfin, lors de la réorganisation générale de l'empire, et notamment de l'établissement, sur de nouvelles bases, du système monétaire japonais, l'expression *sen* prit encore une nouvelle signification ; celle d'une *valeur* égale à la centième partie de la nouvelle unité monétaire dénommée *yen* et analogue à notre pièce de 5 fr.

Depuis l'origine donc, le mot *sen* a désigné successivement un *poids*, puis d'une façon générale, une *pièce de monnaie* de cuivre, et ensuite une *valeur*.

Régulièrement, les monnaies de fonte de fer avaient la même valeur que celles de bronze ou de laiton, mais elles étaient pratiquement fort méprisées et considérées comme inférieures à celles de cuivre, même de l'alliage le plus vulgaire. Au contraire, les pièces de cuivre jaune (laiton) étaient particulièrement recherchées.

2. — *Monnaies d'or, d'argent. — Gouvernement central.*

Les premières monnaies d'or émises suivant un système bien défini, le furent seulement dans la période dite Tenshô, entre 1570 et 1580. C'étaient de grandes pièces désignées sous le nom de *ôban* déjà signalé précédemment.

Pour le numéraire d'or et d'argent, l'unité de poids, dont le nom servit plus tard à désigner l'unité monétaire, était le *riyô*.

Ce n'est qu'un peu plus tard que furent émises des monnaies pesant 1 riyô seulement. On les désigna sous le nom de *koban* (petite plaque) par opposition aux *ôban* (grande plaque) qui pesaient 10 riyô.

La valeur exacte du *riyô* est d'ailleurs difficile à préciser, en raison surtout des variations que les unités de poids subirent suivant les régions et les époques. En moyenne cependant, le *riyô* pesait 4 momme 2 fun, soit 15 grammes 750 et 15 grammes en chiffres ronds.

Comme il a été dit pour les *sen*, il existait également des *riyô* d'argent ou d'or.

Pratiquement, cependant, tandis que l'expression de *sen* arrivait à ne plus désigner que les monnaies de cuivre, celle de *riyô* fut plus spécialement appliquée à l'étalon d'or. Plus communément encore, cette monnaie était connue sous le nom de *koban kin* (*kin* = or).

La valeur relative des divers métaux a varié dans des proportions notables suivant les époques ; nous donnerons plus loin quelques renseignements à ce sujet.

Avec le temps, l'idée de poids, qui se liait à l'unité monétaire d'or, fut perdue de vue, et dans les moments de gêne et lorsqu'il fallait faire face à des dépenses imprévues, il arrivait : ou bien que les monnaies d'or émises sous le nom de *riyô* avaient le poids voulu, mais comprenaient une proportion beaucoup trop grande d'argent ; ou bien, si le titre était élevé, que la nouvelle monnaie pesait seulement les deux tiers, la moitié ou même une fraction moindre du *riyô* proprement dit.

Comme conséquence de ces pratiques frauduleuses, le prix nominal de toutes choses augmentait immédiatement, et, en fin de compte, ceux-là seuls qui avaient à toucher des fonds de l'État souffraient des procédés gouvernementaux.

Sous-multiples du riyô. — Le *riyô* (poids) se subdivisait en 4 bu, chaque *bu* en 4 shiu.

1 riyô = 4 bu = 16 shiu.

Le *riyô* (monnaie) se subdivisa de la même manière, et le poids des *bu* et *shiu* subit la même évolution que celle du *riyô*.

Outre les monnaies divisionnaires d'or ou d'argent de 1 bu, 1 shiu, on émit aussi, à différentes époques des pièces de 2 bu = *nibu* (*ni* = 2) et de 2 shiu = *nishiu*.

Les monnaies d'argent émises sous ce nom avaient la valeur et non le poids qu'indiquaient ces expressions. Ainsi, une monnaie d'argent désignée sous le nom de *nishiu* ne pesait pas comme le *nishiu* d'or de la même époque, mais leur valeur était égale ; au même titre qu'en France, par exemple, la valeur de cinq francs peut être représentée soit par une pièce d'or, soit par une pièce d'argent.

On le voit, la notion des poids avait tout à fait disparu.

Bien plus encore que les monnaies à valeur fixe, les lingots d'argent furent l'objet de spéculations audacieuses de la part du Gouvernement, mais le peuple ne consentait à les prendre qu'avec leur valeur réelle résultant de leur alliage. A certaines époques, cependant, sous la menace de peines sévères, ces lingots, véritables billets de banque en métal, étaient acceptés avec la valeur fixée par le Pouvoir.

3. — *Valeur relative des monnaies du gouvernement central à diverses époques.*

Nous avons groupé ci-dessous des données intéressantes sur la valeur de quelques espèces japonaises à diverses époques.

A chaque nouvelle émission, le Gouvernement fixait la valeur relative des anciennes et des nouvelles monnaies. Il dépréciait habituellement les précédentes pièces de cuivre qu'il voulait retirer de la circulation, ou bien, en ce qui concerne celles d'or et d'argent, il augmentait temporairement leur valeur relative pour engager les possesseurs à s'en dessaisir.

En 480 —

       1 pièce d'argent valait 1 koku de riz, c'est-à-dire 188 litres 400 ; actuellement la valeur moyenne d'une même quantité de cette céréale serait de 40 francs environ.

En 709 —

       Une pièce d'argent vaut 4 fois celle de cuivre de même module, autrement dit 1 sen d'argent = 4 sen de cuivre.

721 —

       1 sen d'argent = 25 sen de cuivre. C'est un indice d'une production abondante de ce dernier métal.

       100 sen de cuivre valent 1 riyô.

       25 sen de cuivre valent 1 sen d'argent.

       4 sen d'argent valent 1 riyô.

722 —

       200 sen de cuivre valent 1 riyô.

760 —

       1 sen d'or = 10 sen d'argent.

       1 sen d'argent = 10 sen de cuivre.

1230 —

       1 koku de riz blanchi (180 l. 400) coûte 1000 sen de cuivre.

1251 —

       1 charge de cheval de charbon de bois, soit 2 sacs, coûte 100 sen ou mon de cuivre.

1604 —

       1 riyô d'or = 1000 sen de cuivre.

1 bu d'or = 250 sen de cuivre.

1617 —

Le prix à payer par les voyageurs dans les auberges est fixé de la façon suivante, abstraction faite de la valeur des repas ; c'est le prix de l'hospitalité :

1 voyageur, 4 sen (mon).

1 cheval, 8 sen (mon).

1618 —

1 riyô d'or = 4000 sen ou mon.

1 bu d'or = 1000 sen ou mon.

1657 —

1 riyô vaut 7 to de riz (le *to* = 18 litres), soit 126 litres.

1696-1707 —

100 riyô d'or frappés pendant la période de Keichô en valent 101 de la période Genroku.

1708 —

100 riyô Keichô = 103 Genroku.

1709 —

100 riyô Keichô = 110 Genroku.

100 riyô Keichô = 120 Genroku.

La valeur de ces sortes de monnaies étant analogue, le gouvernement voulait à tout prix faire sortir les anciennes espèces d'or.

1700 —

Le rapport de l'argent à l'or est d'environ $1/15$

1701 —

Le rapport de l'argent à l'or est d'environ $1/12$

1705 —

Le rapport de l'argent à l'or est d'environ $1/15$

1714 —

100 riyô Keichô = 200 Kenji.

100 riyô Genroku = 102 riyô 2 bu Kenji.

1729 —

L'intérêt de l'argent est fixé à 5%.

1730 —

1 riyô Keichô = 2 riyô Kenji = 1 riyô Shin kin.

1736 —

    1 riyô Gembun = 1 riyô Keichô.

1767 —

    Valeur relative de l'or à l'argent — 15.

1768 —

    1 sen de laiton (Shinchiu) = 4 sen ordinaires.

1772 —

    8 nishiu d'argent = 1 riyô d'or.

1833 —

    La monnaie connue sous le nom de *Tempô* vaut 100 sen ordinaires (100 mon).
    1 riyô = 40 Tempô = 4000 mon (sen).

1854 —

    1 riyô = 60 Tempô.

1860 —

    id. = 100 Tempô.

1868 —

    id. = 125 Tempô.

1842 —

    1 riyô = 6500 mon ou sen.
    Les marchands maintenant leurs prix pendant un certain temps, la valeur de toutes choses se trouvait ainsi effectivement abaissée.

1854 —

    100 riyô de Keichô = 207 Ansei.
    100 Genroku = 143 Ansei.
    100 Kenji = 108 Ansei.
    100 Gembun = 120 Ansei.
    100 Bunsei = 104 Ansei + 2 bu.
    Les refontes successives donnaient, nominalement du moins, une quantité beaucoup plus grande de numéraire en raison surtout de la diminution du poids ; c'est ainsi qu'à la date précédente, 1 441 471 riyô refondus en donnent 3 551 600 de la nouvelle émission.

1860 —

    100 riyô Keichô = 548 riyô Man'en.
    100 Genroku = 378 Man'en

100 Kenji = 347 Man'en
100 Kiôhô = 565 Man'en
100 Gembun = 362 Man'en

1868 —

(Avènement de l'empereur actuel). — 1 sen ordinaire = 6 sen de fer.

La valeur des monnaies anciennes d'or par rapport aux nouvelles est fixé comme il suit :

100 riyô Keichô = 905 riyô, 1 bu, 2 shiu.
100 Kenji = 475 riyô, 2 bu.
100 Genroku = 635 riyô, 0 bu, 0,3 shiu.
100 Kiôhô = 930 riyô, 1 bu, 2 shiu.
100 Ko-bun-ji = 528 riyô, 2 bu, 2 shiu.
100 Bunsei = 460 riyô.
100 Hô-ji kin = 396 riyô, 2 bu, 1 shiu.
100 Sho-ji kin = 317 riyô, 1 bu.

L'échelle des valeurs des autres monnaies fut fixée comme il suit:

1 Kan-ei tsu-hô (petit module sans R/) =1 mon.
1 Kan-ei shimon sen (R/ à vagues) = 4 mon.
1 Bunkiû ei-hô (R/ à vagues) = 4 mon.
1 Tempô tsu-hô = 25 Kan-ei shimon sen = 100 mon.
1 Tempô tsu-hô = 25 Bunkiû ei-hô = 100 mon.
1 bu = 25 Tempô tsu-hô = 2500 mon.
1 riyô = 4 bu= 100 Tempô tsu-hô = 10000 mon.

1870 —

Le Gouvernement adopte en principe le système monétaire décimal avec les dénominations suivantes en commençant par les plus petites valeurs.

1 rin = 10 mô (et non pas *mon*)
1 sen = 10 rin = 100 mô
1 yen = 100 sen = 1000 rin = 10000 mô

Par son apparence, son poids, sa valeur intrinsèque, le yen, argent ou or, correspond à nos pièces de 5 fr. de même métal ; de même, le *sen* est analogue à notre sou (5 centimes).

Le *rin* = $1/2$ centime ; là-bas encore, il a une certaine valeur pratique pour l'achat d'objets usuels.

Les anciennes monnaies de cours en bronze ne furent pas démonétisées, mais leur valeur relative fut entièrement bouleversée. C'est ainsi que :

> 1 Kan-ei ichimon sen (anc. dénom.) = 1 rin
>
> 1 Bunkiû ei-hô = 1,5 rin
>
> 1 Kan-ei shimon sen = 2 rin
>
> 1 Tempô tsu-hô = 8 rin

Autrement dit, en se reportant à la nouvelle échelle des valeurs :

> 1 Tempô tsu-hô + 1 Kan-ei shimon sen (anc.dénom.) = 1 sen (nouv. appel.)
>
> 1 Tempô tsu-hô + 2 Kan-ei ichimon sen = 1 sen
>
> 5 Tempô tsu-hô + 2 Kan-ei ichimon sen = 4 sen
>
> 125 Tempô tsu-hô + 2 Kan-ei ichimon sen = 1 yen
>
> 1000 Kan-ei ichimon sen = 2 yen

De ce qui précède, il résulte donc que la valeur de la plupart des anciennes monnaies de bronze augmentait ; par exemple, le *Kan-ei ichimon sen* décuplait de valeur, le *Kan-ei shimon sen* quintuplait. Au contraire, le *Tempô tsu-hô* diminuait sensiblement ; autrefois 100 de ces mêmes pièces faisaient 1 riyô (1 yen) ; il en fallut dès lors 125 pour représenter la même valeur.

Le Gouvernement procède d'ailleurs lentement, mais avec ténacité, à la subdivision des anciennes espèces de cuivre par les nouvelles.

Les monnaies de fer jadis assimilées, officiellement du moins, à celles de bronze ou de laiton, furent dépréciées encore d'une façon plus notable. Ainsi le *Kan-ei shimon sen* de fonte, au lieu de valoir, comme celui de bronze, $1/5$ de sen (nouvelle désignation) ne fut plus accepté que pour $1/60$ de sen, et le *Kan-ei ichimon sen* de fer était de même ramené à $1/120$ de sen.

Cette dépréciation eut pour effet de faire disparaître immédiatement, en quelque sorte, les monnaies de cette espèce dont la valeur intrinsèque était supérieure à la valeur monétaire qui leur était donnée. Elles furent donc simplement vendues au poids. Quant au vieux numéraire national d'or et d'argent, aux lingots poinçonnés, ils perdirent toute valeur officielle et, peu à peu retirés ou achetés par le Gouvernement, ils servirent à la fabrication de nouvelles espèces d'une banalité désolante.

4. — *Monnaies de cuivre provinciales.*

Les mêmes règles et les mêmes usages étaient suivis dans les provinces utilisant le même genre de monnaies que le gouvernement central. Celles qui employaient le plomb établissaient nécessairement un numéraire beaucoup plus lourd et encombrant dont la circulation était extrêmement limitée.

5. — *Monnaies provinciales d'or et d'argent.*

Dans leur ensemble, les variations et observations qui précèdent s'appliquent aux monnaies provinciales.

Les seigneurs se bornèrent, le plus souvent, à faire quelques émissions de monnaies d'or, d'argent ou de cuivre, mais sans s'astreindre à constituer un système monétaire complet. Seule la province de Koshiû fait exception à cette règle, en ce qui touche, du moins, ses espèces d'or, lesquelles constituaient une série des plus complètes et des plus intéressantes.

Ce système est résumé ci-dessous :

1 riyô =	4 bu =	16 shiu =	32 shiunaka =	64 itome =	128 koitome =	256 koitome naka
	1 bu =	4 shiu =	8 shiunaka =	16 itome =	32 koitome =	64 koitome naka
		1 shiu =	2 shiunaka =	4 itome =	8 koitome =	16 koitome naka
			1 shiunaka =	2 itome =	4 koitome =	8 koitome naka
				1 itome =	2 koitome =	4 koitome naka
					1 koitome =	2 koitome naka

Au temps de Takeda Shingen (2ᵉ moitié du XVIᵉ siècle), le promoteur du système que nous venons d'indiquer, le rapport de l'argent à l'or avait été fixé à 1/10.

VII

LÉGENDES ET TYPES, INSCRIPTIONS DIVERSES FIGURANT SUR LES MONNAIES

On peut d'abord poser comme un principe général, ne comportant aucune exception, que l'image du souverain, pas plus que celles d'autres personnages vivants ou morts, ne figure jamais sur les monnaies japonaises, quelle que soit leur nature.

Cependant, les lingots poinçonnés, les médailles (*esen*) et certaines monnaies de cuivre et de fer, émises par le prince de Mito, feraient, à la rigueur, exception à cette règle, car elles portent parfois des figures plus ou moins grossières et conventionnelles d'hommes, d'animaux ou de divinités. Il en sera question plus loin.

1. — *Monnaies de cuivre.*

Nous avons indiqué précédemment la forme de ce numéraire.

La partie de la face comprise entre la bordure extérieure et le bourrelet qui entoure le trou central est occupée, dans les monnaies de cuivre circulaires, par quatre caractères idéographiques en relief venus de fonte. Deux d'entre eux rappellent généralement le *nengô*, c'est-à-dire le nom de l'ère au cours de laquelle l'émission eut lieu pour la première fois. Les deux autres signes indiquaient généralement qu'il s'agissait d'une monnaie de cours. Par exemple : « Tenshô-tsu-hô », c'est-à-dire « monnaie de cours de la période de Tenshô ».

Pendant la première époque de l'histoire monétaire du Japon, c'est-à-dire jusqu'au Xe siècle, les caractères étaient disposés sur le flan et devaient être lus dans

l'ordre suivant : 4 $\begin{smallmatrix} 1 \\ 2 \\ 3 \end{smallmatrix}$ (*fig. 3, 4, 5, 6*, etc.).

A partir de XVIe siècle, au contraire, ils sont disposés

comme il suit : 4 $\overset{1}{\underset{2}{}}$3 (*fig. 17, 23, 32,* etc.).

Ce sont des faits qu'il faut constater sans chercher à les justifier par des raisons sérieuses.

Le revers ne comportait habituellement aucune inscription ; cependant, certaines émissions se distinguaient par des signes généralement en relief, venus de fonte, comme les inscriptions de la face, et quelquefois, mais rarement, produits en creux au moyen d'un poinçon. Le plus souvent ces signes rappelaient soit le nom de l'établissement monétaire, soit celui de la province. (*fig. 106, 111, 112,* etc.)

Mais on peut admettre, en règle générale, que les pièces de cuivre *rondes* ne portaient au revers aucune inscription.

Les pièces de formes ovales, émises en 1835 et connues communément sous le nom de *tempô*, ont, au contraire, des inscriptions en relief sur la face et sur le revers, ainsi qu'une marque de fabrique ou monogramme de l'établissement monétaire. (*fig. 59*)

Enfin, certaines monnaies de cuivre, d'une valeur supérieure aux autres, bien que d'un module sensiblement identique, avaient, au revers, pour être facilement distinguées, même au toucher pendant l'obscurité, des arcs de cercle en relief, dits *nami* « vague ». (*fig. 47, 48*)

La composition des types et des légendes qui ornent les espèces de cuivre frappées depuis 1870 a suivi, comme les méthodes de fabrication, l'influence européenne. Elle comporte, sur la face et le revers, au centre, un sujet ou une inscription, et sur le pourtour, une légende.

2. — *Monnaies d'argent.*

Comme nous l'avons indiqué précédemment, les monnaies d'argent primitives étaient identiques, sauf la nature du métal, à celles de cuivre ; les inscriptions étaient donc du même ordre.

Plus tard, les pièces d'argent furent semblables aux pièces d'or ;

il en sera question dans le § suivant.

Quant aux monnaies divisionnaires rectangulaires, elles étaient, comme il a été dit, frappées au lieu d'être coulées. Elles présentaient en relief, sur la face et le revers, des inscriptions rappelant leur valeur : 1 shiu, 2 shiu, 1 bu, etc. ; parfois aussi une indication sur la qualité du métal et, en outre, elles portaient assez communément les armes de l'empereur, c'est-à-dire la fleur héraldique de chrysanthème. Enfin, elles recevaient en creux l'empreinte du fonctionnaire vérificateur.

Les monnaies d'argent provinciales qui, pour la plupart, affectaient la forme de disques ovales et minces, recevaient, le plus souvent en creux, avec les armes du seigneur et le nom de la province, la valeur de la pièce (*fig. 85, 102, 125,* etc.)

Comme le numéraire de même nature du gouvernement central, elles présentaient aussi les rangées de gouttières parallèles dont il a déjà été question.

Enfin, dans quelques provinces, le pourtour de la plaque était semé des empreintes du poinçon apposé par le magistrat monétaire. Ces empreintes étaient destinées à empêcher, dans la limite du possible, la pratique frauduleuse, alors fort répandue, de limer ou de rogner les flans.

Les monnaies émises sous l'influence des Européens sont de tout point comparables aux nôtres, au point de vue des principes adoptés pour la composition des types.

3. — *Monnaies d'or.*

Comme celles d'argent, les monnaies d'or les plus anciennes étaient de même forme que celles de cuivre et portaient, obtenues par les mêmes procédés, des inscriptions analogues.

Les monnaies correspondant à l'unité monétaire, le *riyô*, ou à ses multiples sont des disques minces et le plus souvent ovales ou elliptiques ; leur face porte verticalement, suivant le grand axe, soit inscrit à l'encre, soit imprimé au moyen d'un poinçon, la valeur en *riyô* : 1 riyô, 5 riyô, 10 riyô (*fig. 24, 28, 29*) par exemple, puis au dessous, le monogramme du directeur de l'établissement monétaire.

Cette face portait enfin, en haut et en bas ainsi que sur les côtés dans les pièces de grand module, les armes impériales (*kiri* = fruits et feuilles du *paulownia imperialis*).

Au revers, un poinçon généralement assez important rappelait l'époque de l'émission.

Le plus souvent, mais plus particulièrement sur les monnaies d'or anciennes, on remarque des empreintes, souvent en nombre considérable, apposées par les négociants entre les mains desquels elles étaient passées (*fig. 29*). Ces poinçons, connus du public, était une preuve nouvelle de l'authenticité des pièces qui en étaient revêtues.

Quant aux monnaies d'or actuelles, les observations précédemment faites pour le numéraire de cuivre et d'argent leur sont également applicables.

Au point de vue européen, les monnaies japonaises de cuivre, même celles de la belle époque, paraissent dépourvues de toute valeur artistique. Pour les habitants de l'empire du Soleil Levant, il n'en est pas tout à fait ainsi ; ils admirent, outre la patine et la composition du métal proprement dit, la forme plus ou moins classique ou élégante des caractères qui constituent ce qu'on pourrait appeler la légende de ces monnaies ou même leur type. On sait, en effet, que l'art de la calligraphie, médiocrement estimé chez nous, est fort apprécié des peuples faisant usage de caractères idéographiques. C'est pour eux une des branches importantes des arts du dessin.

Lorsqu'il s'agissait de faire une nouvelle émission de monnaies de cuivre, on faisait appel, pour en tracer les caractères, à des hommes en vue, soit en raison de leur haute situation sociale, soit, plus souvent encore, de leur savoir ou de leur sagesse. Les inscriptions que l'Européen parcourt d'un air insouciant sont donc de véritables autographes d'hommes célèbres.

Les plus légères différences dans la manière dont sont tracés les divers caractères donnent, fréquemment même, la seule manière de distinguer les émissions les unes des autres, lorsque, pendant de longues années, parfois des siècles, on émit des monnaies portant la même légende. A ce point de vue, les monnaies d'or et d'argent présentent moins d'intérêt. Cependant toutes les grandes monnaies d'or et les petites des premières époques, sont intéressantes à cause de l'inscription tracée en caractères noirs qu'elles portent sur leur face.

A l'origine, c'était la seule marque officielle se trouvant sur le numéraire de cette nature. Mais ces signes disparaissaient assez facilement par l'usage, et c'est ainsi que furent plus tard adoptés les divers poinçons. Cependant, même alors, la grande inscription ne cessa pas de figurer sur les monnaies de grande dimension.

C'était la famille Gotô qui avait le monopole officiel de ces graphismes, et les membres de cette lignée avaient su, par leur travail, se constituer un monogramme qu'il était impossible d'imiter. Lorsqu'une des inscriptions dont il s'agit avait disparu, il suffisait de porter le flan au représentant de la famille Gotô qui, après en avoir vérifié le poids et la qualité, traçait de nouveau la légende nécessaire, moyennant une rétribution fixée à 1 bu ($^1/_4$ de riyô) par inscription.

On voit, par ce qui précède, à quel point l'art monétaire japonais est inférieur à celui des Grecs et des Romains. Ceux-ci comprirent vite, en effet, « que, comme toujours, l'utilité fournissait une occasion de beau, que la monnaie marquée d'un type développé pouvait devenir un objet d'art. » (Lenormant)

Ce dernier point de vue a échappé complètement aux Asiatiques. Ils en étaient restés à la conception primitive de la monnaie et les Japonais, particulièrement habiles et ingénieux en ce qui touche l'ornementation artistique des objets usuels, ne paraissent pas avoir jamais eu la pensée d'exercer leur talent à transformer en œuvres d'art les disques de métaux qui leur servaient de numéraire.

VIII

FAUSSES MONNAIES

Les procédés sommaires de fabrication des monnaies japonaises, surtout des pièces de cuivre, eurent pour effet de développer outre mesure l'industrie des faux monnayeurs. Il suffisait, en effet, de posséder quelques pièces de monnaie, quelques connaissances techniques et du métal de composition à peu près quelconque, pour préparer les moules et fondre ensuite des pièces qui, sans être tout à fait comparables à celles qui provenaient des émissions officielles, n'en différaient cependant point essentiellement.

Le gouvernement crut, en conséquence, devoir prendre les mesures les plus sévères pour lutter contre les faux monnayeurs. Ils furent pendant longtemps condamnés à mort et crucifiés, leurs complices expatriés, leurs voisins même punis sévèrement. Malgré cet important arsenal de lois terribles, on ne cessa jamais cependant de fondre des fausses monnaies, lesquelles d'ailleurs étaient bien souvent tout à fait semblables à celles du gouvernement.

En raison de la rareté du métal et grâce aux procédés de fabrication plus complexes, les monnaies d'or et d'argent furent moins imitées.

Enfin, il n'est pas hors de propos de rappeler ici qu'à plusieurs reprises, notamment au moment de la révolution de 1868 et pendant les années troublées qui précédèrent et suivirent cette crise, le gouvernement ne dédaigna pas de falsifier lui-même ses espèces métalliques. C'est ainsi qu'on trouve de grandes quantités de *ichibu* (1 bu) d'argent, simplement formés d'un lingot de cuivre saucé.

L'histoire se répète donc, et les mêmes causes ont produit aux extrémités du monde et à des siècles d'intervalle, aussi bien à Rome qu'au Japon, les mêmes effets.

Mais c'est surtout dans la fabrication des lingots poinçonnés, connus sous le nom de *chôgin* ou *mame-ita-gin* que le gouvernement du Shogun se livra aux manœuvres les plus frauduleuses. A partir de 1854, ils n'avaient plus aucune valeur réelle, et, véritables assignats métalliques, ces lingots n'étaient acceptés que sous la pression de peines sévères.

DEUXIÈME PARTIE

Nomenclature et description des monnaies [1]

---

1 Légende. —

  Pl. = monnaie de plomb.
  Fer. = monnaie de fer.
  Or = monnaie d'or.
  Ar. = monnaie d'argent.
  Br. = monnaie de bronze ou cuivre.
  p. = poids en grammes.
  App. v. = appellation vulgaire.
  Sign. = signification.
  N. = *nengô* = période ; par exemple 9e Kônin signifie 9e année de la période appelée Kônin.
  L. = manière de lire la légende (ordre dans lequel les caractères doivent être lus).

Les noms des souverains seront donnés après les dates. — *Tennô* signifie : Empereur.

I

GOUVERNEMENT CENTRAL

1. — *De l'origine du Japon au commencement du VIIIe siècle.*

480 —

Kenzô Tennô. Monnaie d'argent.
P. = 6 gr. 75 ; 11 gr. 25.
App. v. = Gin mumon sen.
Sign. = Pièce d'argent ne portant aucun caractère.

(*Fig. 2.*)

2. — *Du VIIIe siècle à la seconde moitié du Xe.*

708 —

Gemmei Tennô. — Ar. — p. = 7 gr. 88.

N. 1re Wadô.   L. = 4 $\frac{1}{3}$ 2

App. v. = Wa-dô gin-sen.
Sign. = pièce d'argent de Wadô.

708 —

Gemmei Tennô. — Br. — p.= 3 ; p. =3,75.
N. = 1re Wadô.
App. v. = Wa-dô kai-chin.
Sign. = Nouvelle chose précieuse de la période Wadô. —
Wa-dô signifie : *cuivre japonais* ; ce fut en effet à cette
époque qu'on fit usage pour la première fois de métal
indigène, d'où le nom de l'ère.

$$L. = 4 \frac{1}{3} 2$$

(*Fig. 3.*)

760 —

Junnin Tennô. — Or — p. = 11,65.

N. = 4ᵉ Tempei-hôji. $L. = 4 \frac{1}{3} 2$

App. v. = Man-nen kin-sen.
Sign. = Pièce d'or portant les signes Man-Nen (10.000 années).

760 —

Junnin Tennô. — Br. — p. = 4,50 ; p . = 3,75.

N. = 4ᵉ Tempei-hôji. $L. = 4 \frac{1}{3} 2$

App. v. = Man-nen tsu-hô.
Sign. = Monnaie de cours pour 10.000 années.

(*Fig. 4.*)

765 —

Shôtoku Tennô. — Br. — p. = 5,63 ; p.= 3,00 ; p. = 2,81.

N. = 1ʳᵉ Tempei-jingô. $L. = 4 \frac{1}{3} 2$

App. v. = Jin-gô kai-hô
Sign. = Nouveau trésor de la période Jingo.

(*Fig. 5.*)

796 —

Kammu Tennô. — Br. — p. = 3,71 ; p. =2,82.
N. = 15ᵉ de Enriaku.

L. = 4 $\frac{1}{3}$ 2

App. v. = Riu-hei ei-hô.
Sign. = Trésor éternel de la paix glorieuse.

(*Fig. 6.*)

818 —

Saga Tennô. — Br. — p. = 3,75 ; p. = 3,19.

N. = 9ᵉ Kônin   L. = 4 $\frac{1}{3}$ 2

App. v. = Fu-ju jim-pô.
Sign. = Trésor sacré de santé et de longue vie.

(*Fig. 7.*)

835 —

Ninmyô Tennô. — Br. — p. = 2,62 ; p. = 2,25.

N. = 2ᵉ Shôwa.   L. = 4 $\frac{1}{3}$ 2

App. v. = Shô-wa shô-hô.
Sign. = Trésor prospère de la période Shôwa.

(*Fig. 8.*)

848 —

Ninmyô Tennô. — Br. — p· = 1,87 ; p. = 1,50.

N. = 1ʳᵉ Kashô.   L. = 4 $\frac{1}{3}$ 2

App. v. = Chô-nen tai-hô.
Sign. = Le grand trésor de beaucoup d'années.

(*Fig. 9.*)

859 —

Seiwa Tennô. — Br. — p. = 2,25 ; p. = 1 ,69.

N. = 1ʳᵉ Jôgan.   L. = 4 $\frac{1}{3}$ 2

App. v. = Niô-eki jim-pô.
Sign. = Trésor céleste d'abondant profit.

(Fig. 10.)

870 —

Seiwa Tennô. — Br. — p. = 2,62 ; p. = 2,00 ; p. = 1,87.

N. = 12^e Teikan.   L. = 4 $\frac{1\ 2}{3}$

App. v. = Jô-gan ei-hô.
Sign. = Eternel Trésor de la période Jôgan.
NOTA. — Les caractères inscrits sur les monnaies
deviennent, à parlir de cette date et jusqu'à la fin de cette
période, à peu près complètement illisibles.

889 —

Uda Tennô. — Br. — p. = 2,81 ; p. = 1,87 ; p. = 1,50.

N· = 1re Kampei.   L. = 4 $\frac{1\ 2}{3}$

App. v. = Kam-pei tai hô.
Sign. = Grand trésor de la période Kampei.

(Fig. 11.)

907 —

Daigo Tennô. — Br. — p. = 3,75 ; p. = 2,62 ; p. = 2,06.
N. = 7^e Engi.

L. = 4 $\frac{1\ 2}{3}$

App. v. = En-gi tsu-hô.
Sign. = Monnaie de cours de la période Engi.

(Fig. 12.)

958 —

Murakami Tennô. — Br. — p. = 2,62 ; p. = 1,87.

N. = 2^e Tentoku.   L. = 4 $\frac{1}{3}$ 2

App. v. = Ken-gen tai-hô.
Sign. = Grand trésor céleste.

(Fig. 13.)

3. — *De la seconde moitié du Xe siècle à la fin du XVIe (1587).*

Monnaies chinoises ayant eu cours au Japon pendant cette période.

Se reporter à ce sujet à la 1re partie de ce travail (Résumé de l'histoire monétaire). La plus répandue de ces monnaies fut la deuxième, *Eiraku Sen.*

1371 —

Br. —

L. = 4 $\frac{1}{2}$ 3

App. v. = Ko-bu tsu-hô.
Sign. = Monnaie de cours de la période (chinoise) Kobu (prononciation japonaise des deux caractères occupant les places 1-2).

(Fig. 14.)

1411 —

Taiso Tennô. — Br. — p. = 4,13 ; p. = 3,75 ; p. = 3,00. Dynastie des Ming (Chine).

N. =96 Eiraku.   L. = 4 $\frac{1}{2}$ 3

App. v. = Ei-raku tsu-hô.
Sign. = Monnaie de cours de la période Eiraku (même oberv. que ci-dessus).

(Fig. 15.)

1435 —

> Br. —
> App. v. = Sen-toku tsu-hô.
> Sign. = Monnaie de cours de Sentoku (même
> observ. que ci-dessus).
>
> (*Fig. 16.*)

4. — *De la fin du XVIe (1587) à la fin du XIXe.*

Gouvernement central.

1587 —

> Goyôzei Tennô. — Ar. — p. = 6,76.
>
> N. = 15^e Tenshô.   L. = 4 $\frac{1}{2}$ 3
>
> App. v. = Ten-shô tsu-hô gin sen.
> Sign = Monnaie de cours de la période Tenshô en argent.
>
> (*Fig. 17.*)

1587 —

> Goyôzei Tennô. — Br. — p. = 3,19.
> App. v. = Ten-shô tsu-hô.
> Sign. = Monnaie de cours de Tenshô.
>
> (*Fig 17.*)

1530-80 —

> Goyôzei Tennô. — Or.
> 12 types différents.
> p. = 167,91 ; p. = 162,65 ; p.= 162,46 ; p. = 165,28 ;
> p. = 166,41 ; 142,64 ; 159,65 ; 167,91 ; 166,03 ; 166,03.
> App. v. = Tenshô ôban kin.
> Sign. = Grande plaque d'or de la période Tenshô.
>
> (*Fig. 18.*)

1570-80 —

Goyôzei Tennô. — Ar.

4 types.

p. = 161,53.

App. v. = Jû riyô ban gin.

Sign. = Plaque d'argent de (pesant) 10 riyô

ou bien :

App. v. = Suruga gin ban.

Sign. = Plaque d'argent de la province de Suruga.

(*Fig. 19.*)

1570-80 —

Goyôzei Tennô. — Ar.

p. = 80,76.

App. v. = Suruga gin go riyô ban.

Sign. = Plaque d'argent de 5 riyô de la province de Suruga.

1570-80 —

Goyôzei Tennô. — Or.

p. = 82,64.

App. v. = Go riyô ban kin.

Sign. = Plaque d'or de (pesant) 5 riyô.

ou bien :

App. v. = Suruga kin go riyô ban.

Sign. = Plaque d'or de 5 riyô de la province de Suruga.

(*Fig. 20.*)

1570-80 —

Goyôzei Tennô. — Or.

p. = 9,01.

App. v. = Han riyô ban Kin.

Sign. = Plaque d'or de $1/2$ riyô.

1570-80 —

Goyôzei Tennô. — Or.

p. = 9,01.

App. v. = Taiko ni bu ban kin.

Sign. = Plaque d'or de 2 bu de Taiko (nom du personnage qui détenait le pouvoir à cette époque et par ordre duquel ces pièces furent frappées).

(Fig. 21.)

1570-80 —

Goyôzei Tennô. — Or.

p. = 15,58.

Àpp. v. = Tenshô ko ban (1 riyô).

Sign. = Petite plaque de Tenshô.

(Fig. 22.)

1570-80 —

Goyôzei Tennô. — Ar.

p. = 161,53.

App. v. = Ko-chô-gin.

Sign. = Vieux lingot poinçonné.

1570-80 —

Goyôzei Tennô. — Or.

p. = 4,13 ; p. = 3,75.

App. v. = Eiraku kin sen.

Sign. = Pièce d'or d'Eiraku portant sur la face les caractères « monnaie de cours d'Eiraku ».

La 1re de ces pièces pesant 4,13 porte au revers les armes de l'Empereur le *kiri*.

(Fig.15.)

1570-80 —

Goyôzei Tennô. — Ar.

p.= 4,13.

App. v. = Eiraku tsuhô gin sen.

Pièce portant les mêmes inscriptions que ci-dessus.

1592 —

Goyôzei Tennô. — Ar.

N. = 1re Bunroku.

App. v. = Bunroku gin sen.

Sign. = Pièce d'argent de Bunroku.

(Fig. 23.)

1592 —

Goyôzei Tennô. — Br.

App. v. = Bunroku tsuhô.

Sign. = Monnaie de cours de Bunroku.

(Même type que ci-dessus.)

1595 —

Goyôzei Tennô. — Or. — p. = 15,28.

N. = 4^e Bunroku.

App. v. = Musashi sumi ban koban.

Sign. = Petite plaque de Musashi (province)portant des signes à l'encre (1 riyô).

(Fig. 24.)

1595 —

Goyôzei Tennô. — Or. — p. = 15,96.

App. v. = Suruga sumi ban ko ban.

Sign. = Petite plaque de Suruga (province) portant des signes à l'encre. (1 riyô.)

(Fig. 25.)

1599 —

Goyôzei Tennô. — Or. — p. = 4,50 ; p. = 4,31.

N. = 4^e Keichô.

App. v. = Ozaka ichibu.

Sign. = 1 bu d'Ozaka.

(Fig. 26.)

1599 —

Goyôzei Tennô. — Or. — p. = 4,50 ; p. = 4,69.

App. v. = Hina maru kiri ichi bu ban.

Sign. = Plaque ronde d 1 bu portant le *kiri* (armes impériales) et dite « petit coq ».

2 types, l'un oblong, l'autre circulaire.

(Fig. 27.)

1601 —

    Goyôzei Tennô. — Or. — p. = 165,49.

    N. = 6ᵉ Keichô.

    App. v. = Keichô ôban kin.

      Sign. = Grande plaque d'or de Keichô. (10 riyô) (*Fig. 28.*)

1601 —

    Goyôzei Tennô. — Or. — p. = 17,76.

    App. v. = Keichô koban kin.

    Sign. =Petite plaque d'or de Keichô. (1 riyô.)

                                            (*Fig. 29.*)

1601 —

    Goyôzei Tennô. — Or. — p. = 4,44.

    App. v. = Keichô ichi bu kin.

    Sign. = 1 bu d'or de Keichô.

                                            (*Fig. 30.*)

1601 —

    Goyôzei Tennô. — Ar. — p. = 146,50.

    App. v. = Keichô chôgin.

    Sign. = Lingot d'argent poinçonné, de Keichô.

1601 —

    Goyôzei Tennô. — Ar. — p. = 13,14.

    App. v. = Keichô mame ita gin.

    Sign. =Goutte d'argent de Keichô (*mame* = pois).

(?) 1600 —

    Goyôzei Tennô. — Ar. — p. = 4,13.

    N. = Keichô.   L. = 4 $\frac{1}{2}$ 3

    App. v. = Keichô gin sen.

    Sign. = Pièce (de forme habituelle) d'argent de Keichô (portant les caractères « monnaie de cours de Keichô »).

1606 —

Goyôzei Tennô. — Br. — p. = 2,32.

N. = 11^e Keichô.   L. = 4 $\frac{1}{2}$ 3

A.pp. v. = Keichô Tsu-hô.
Sign. = Monnaie de cours de Keichô. (Même type que ci-dessus.)

(*Fig. 31.*)

1617 —

Go Mizunoo Tennô. — Br. — p. = 3,38.

N. = 3^e Genwa.   L. = 4 $\frac{1}{2}$ 3

App. v. = Genwa tsuhô.
Sign. = Monnaie de cours de Genwa.

(*Fig. 32.*)

C'est, parmi les pièces de bronze, la première ayant des signes au revers. Il en existait, dit-on, des spécimens y portant les nombres successifs de 1 à 20. La chose est probable. Ci-contre, en effet, avec la face portant l'inscription précédemment indiquée, l'image de trois revers avec les nombres 1, 10 et 19.
Chacun de ces chiffres correspondait à l'émission d'une certaine quantité de numéraire.
Par ex. : la première émission de 10.000 pièces portait le nombre 1. La 2e, le chiffre 2, et ainsi de suite, de telle sorte que la 20e série correspondait à 200.000 pièces livrées au public.

1636 —

Meishô Tennô. — Br. — p. = 3,38.

N. = 13^e Kan'ei.   L. = 4 $\frac{1}{2}$ 3

App. v. = Kan-ei tsu-hô.

Sign. = Monnaie de cours de Kan'ei.

(*Fig. 33.*)

Il existe une innombrable quantité de pièces de bronze portant ces mêmes caractères, mais différant de la monnaie qui précède, soit par le module, soit par la nature du métal, soit enfin et surtout par la forme même des lettres composant l'inscription, par le graphisme. Cette grande variété est due à ce fait que la fonte de la monnaie de cours « Keichô tsuhô » d'une valeur de 1 mon, se prolongea pendant plus de 200 ans sans que le gouvernement tînt compte, pour son numéraire vulgaire, des dénominations successives des *nengô* ou périodes. Dans certains cas, cependant, un signe au revers rappelait le nom de ces époques.
Tel est le cas par exemple de la pièce suivante.

1668 —

Reigen Tennô. — Br. — p. = 3,38.

N. = 8^e Kembun.   L. = 4 $\begin{smallmatrix} 1 \\ 2 \end{smallmatrix}$ 3

App. v. = Bun sen.
Sign. = Pièce portant le signe *bun* (2e caractère (syllabe) du *nengo* Kembun).

(*Fig. 31.*)

1695 —

Higashiyama Tennô. — Or. — p. = 165, 13.
N. = 8^e Genroku.
App. v. = Genroku ôban kin.
Sign. = Grande plaque d'or de Genroku (10 riyô).

1695 —

Higashiyama Tennô. — Or — p. = 17,76.
App. v. = Genroku koban.
Sign. = Petite plaque (d'or) de Genroku (1 riyô).

1695 —

Higashiyama Tennô. — p. = 4,44.
App. v. = Genroku ichi bu.
Sign. = 1 bu de Genroku ($^1/_4$ riyô).

(*Fig. 35.*)

1695 —

Higashiyama Tennô. — Ar. — p. = 130.
App. v. = Genroku chôgin.
Sign. = Lingot de Genroku.

1695 —

Higashiyama Tennô. — Ar. — p. = 23,66.
App. v. = Genroku mame ita gin.
Sign. = Petit lingot, ou pois, ou goutte d'argent de Genroku.

1697 —

Higashiyama Tennô. — Or. — p.= 2,22.
N. =10^e Genroku.
App. v. = Genroku nishiu.
Sign. = 2 shiu de Genroku ($^1/_2$ Bu).

(*Fig. 36.*)

1706 —

Higashiyama Tennô. — Ar. — p. = 146,50.
N. = 3^e Hôei.
App. v. =Hô ji chôgin.
Sign. = Lingot d'argent portant le signe *hô*
(1er syllabe du *nengo*).

1706 —

Higashiyama Tennô. — Ar. — p. = 12,02.
App. v. = Hô ji mame ita gin.
Sign. = Goutte d'argent au signe *hô*.

1708 —

Higashiyama Tennô. — Br. — p.= 9,01.

N. = 5^e Hôei.　　　L. = 4 $\begin{smallmatrix}1\\[-2pt]2\end{smallmatrix}$ 3

App. v. = Hôei tsu-hô.
Sign. = Monnaie de cours de Hôei.

(Fig. 37.)

Sa valeur était égale à 10 Kan-ei tsu-hô. Pour cette raison, on l'appelait aussi « Jû-mon-sen », c'est-à-dire « pièce valant 10 mon ».

Les 4 caractères suivants se trouvent venus de fonte sur le bourrelet du revers. *hei-kiyû-sei-yô*, c'est-à-dire « monnaie de cours de longue durée ».

Après la vérification, le signe « *chin* », « précieux », était poinçonné sur la bordure du revers.

Cette monnaie, d'une valeur beaucoup trop considérable pour les besoins de l'époque, fut retirée de la circulation dès 1709.

1710 —

Naka mikado Tennô. — Ar. — p. = 179,56.
N. = 7^e Hôei.
App. v. = Ei ji chôgin.
Sign. = Lingot d'argent au signe *ei* (porte en outre le signe *hô*.)

1710 —

Naka mikado Tennô. — Ar. — p. = 10,51.
App. v. = Ei ji mame ita gin.
Sign. = Goutte d'argent au signe *ei* (même observation que ci-dessus.)

1710 —

Naka mikado Tennô. — Ar. — p. = 123,21.
App. v. = Sambô chôgin.
Sign. = Lingot d'argent portant trois caractères *hô*.

1710 —

    Naka mikado Tennô. — Ar. — p. = 28,17.
    App. v. = Sambô mame ita gin.
    Sign. = Goutte d'argent aux 3 signes *hô*.

1710 —

    Naka mikado Tennô. — Or. — p. = 7,69.
    App. v. = Ken ji koban.
    Sign. = Petite plaque (d'or) au signe *ken*.

1710 —

    Naka mikado Tennô. — Or. — p. = 2,33.
    App. v. = Ken ji ichi bu.
    Sign. = 1 bu au signe *ken*.

(Fig. 38.)

1711 —

    Naka mikado Tennô. — Ar. — p. = 1,54.
    N. = 1re Shôtoku.
    App. v. = Shi-hô chôgin.
    Sign. = Lingot d'argent portant 4 signes *hô*.

1711 —

    Naka mikado Tennô. — Ar. — p. = 15,77.
    App. v. = Shi-hô mame ita gin.
    Sign. = Goutte d'argent portant 4 signes *hô*.

1714 —

    Naka mikado Tennô. — Or. — p. = 17,76.
    N. = 4^{e} Shôtoku.
    App. v. = Musashi koban.
    Sign. = Petite plaque (d'or) de Musashi (province).

(Fig. 39.)

1714 —

    Naka mikado Tennô. — Or. — p. = 4,44.
    App. v. = Musashi ichi bu.
    Sign. = 1 bu de Musashi.

1714 —

Naka mikado Tennô. — Ar. — p. = 140,11.
App. v. = Kiôhô chôgin.
Sign. = Lingot d'argent de Kiôhô.

1714 —

Naka mikado Tennô. — Ar. — p. = 13,14.
App. v. = Kiôhô mame ita gin.
Sign. = Goutte d'argent de Kiôhô.

1716 —

Naka mikado Tennô. — Or. — p. = 17,66.
N. = 1re Kiôhô.
App. v. = Kiôhô koban.
Sign. = Petite plaque d'or de Kiôhô.

1716 —

Naka mikado Tennô. — Or. — p. = 4,41.
App. v. = Kiôhô ichi bu.
Sign. = 1 bu de Kiôhô.

(*Fig. 40.*)

1725 —

Naka mikado Tennô. — Or. — p. = 165,49.
N. = 10^e Kiôhô.
App. v. = Kiôhô ôban.
Sign. = Grande plaque (d'or) de Kiôhô.

1736 —

Sakura machi Tennô. — Or. — p. = 13,05.
N. 1re Gembun.
App. v. = Gembun koban.
Sign. =Petite plaque (d'or) de Gembun. Au revers, le signe
bun.

(*Fig. 41*)

1736 —

> Sakura machi Tennô. — Or. — p. = 3,26.
> App. v. = Gembun ichi bu.
> Sign. = 1 bu de Gembun.
> Au revers, en haut et à droite, le signe *bun*.

(*Fig. 42.*)

1736 —

> Sakura machi Tennô. — Ar. — p. = 154.
> App. v. = Gembun chôgin.
> Sign. = Lingot d'argent de Gembun (signe *bun*).

1736 —

> Sakura machi Tennô. — Ar. — p. = 6,29.
> App. v. = Gembun mame ita gin.
> Sign. = Goutte d'argent de Gembun (signe *bun*.)

(*Fig. 43, 44, 45.*)

1765 —

> Gosakura machi Tennô. — Ar. — p. =18,78.
> N. = 2ᵉ Meiwa.
> App. v. = Meiwa go momme gin.
> Sign. = Pièce d'argent pesant 5 momme de la période Meiwa.

(*Fig. 46.*)

C'est la première pièce d'argent de forme rectangulaire et à valeur fixe.

1768 —

> Gosakura machi Tennô. — Br. — (laiton, fer). — p. = 5,25 ; p. = 3,75.

N. = 5ᵉ Meiwa.   L. = $4 \begin{smallmatrix} 1 \\ 2 \end{smallmatrix} 3$

> App. v. = Kan-ei shi mon sen.
> Sign. = Pièce de 4 mon de Kan'ei (portant les signes :

« monnaie de cours de Kan'ei »).

Cette pièce se distingue du numéraire ordinaire portant sur la face les mêmes signes, par les lignes courbes en relief qui ornent le revers.

Les premières émissions avaient 21 lignes courbes, d'où le nom de « ni-jû-ichi nami », « 21 vagues » (*nami* = vague).

(*Fig. 47.*)

Les suivantes n'en portaient que 11. — « jû-ichi-nami ».

(*Fig. 48.*)

Il existe de ces types plusieurs émissions en fonte.

1772 —

Gomomo zono Tennô. — Ar. — p. = 10,20.

N. = 1re Anei.

App. v. = Furu nan riyô gin.

Sign. = Ancien argent du sud.

Les caractères qui figurent sur la face signifient : « 8 nan riyô valent 1 koban, » c'est-à-dire valent « 1 riyô d'or».

Au revers « Etablissement des monnaies d'argent, Tsune Kore » (nom du chef de l'établissement).

(*Fig. 49.*)

1818 —

Ninkô Tennô. — Or — p. = 6,54.

N. = 1re Bunsei.

App. v. = Shin-bun ji ni bu ban.

Sign. = Pièce de 2 bu portant le signe *bun* de forme dite « *shin* », c'est-à-dire de forme tout à fait correcte, régulière, carrée.

(*Fig. 50.*)

1819 —

Ninkô Tennô. —Or. — p. = 13,11.

N. = 2ᵉ Bunsei.

App. v. = Bunsei koban.

Sign. = Petite plaque (d'or) de Bunsei (porte
au revers le signe *bun* de forme cursive).

(*Fig. 51.*)

1819 —

Ninkô Tennô. — Or. — p. = 3,27.

App. v. = Bunsei ichi Bu.

Sign. = 1 bu de Bunsei (porte le signe *bun* de forme cursive).

(*Fig. 52.*)

1820 —

Ninkô Tennô. — Ar. — p. = 13,33.

N. = 3ᵉ Bunsei.

App. v. = Shin-bun ji mame ita gin.

Sign. = Goutte d'argent au signe *bun*, de forme régulière,
carrée.

(*Fig. 53.*)

1824 —

Ninkô Tennô. — Ar. — p. = 7,51.

N. = 7ᵉ Bunsei.

App. v. = Bunsei nan riyô (nishiu).

Sign. = Argent du sud de la période Bunsei.

(*Fig. 54.*)

1824 —

Ninkô Tennô. — Or. — p. = 1,38.

App. v. = Bunsei isshiu kin.

Sign. = 1 shiu d'or de Bunsei.

(*Fig. 55.*)

1828 —

Ninkô Tennô. — Or. — p. = 5,54.

N. = 11ᵉ Bunsei.

App. v. = Sô-bun ni bu kin.

Sign. = 2 bu d'or portant le caractère *bun* sous sa forme la plus courante dite *sô*.

(*Fig. 56.*)

1829 —

Ninkô Tennô. — Ar. — p. = 2,63.
N. = 12ᵉ Bunsei.
App. v. = Bunsei isshiu gin.
Sign. = 1 shiu d'argent de Bunsei.

(*Fig 57.*)

1832 —

Ninkô Tennô. — Ar. — p. = 1,63.
N. = 3ᵉ Tempô.
App. v. =Tempô nishiu kin.
Sign. = 2 shiu d'or de Tempô.

(*Fig. 58.*)

1835 —

Ninkô Tennô. — Br. —   p. = 20,66.

N. = 6ᵉ Tempô.   L. = $\begin{matrix} 1 \\ 2 \\ 3 \\ 4 \end{matrix}$

App. v. = Tempô tsu-hô.
Sign. = Monnaie de cours de Tempô.
Cette légende figure sur la face. Au revers : « *tô hiaku*, » c'est-à-dire « valeur cent» au dessus du trou signifie qu'une de ces pièces vaut 100 mon (100 petites monnaies de Kan'ei) ou 25 Kan'ei de 4 mon. Au dessous du trou un monogramme spécial à l'établissement.
Sur la tranche, 2 poinçons de contrôle.

(*Fig. 59.*)

1837 —

Ninkô Tennô. —Or. — p. = 33,73.
N. = 8ᵉ Tempô.
App. v. = Tempô go riyô ban.

Sign. = Plaque (d'or) de Tempô de 5 riyô.

(*Fig. 60.*)

1837 —

Ninkô Tennô. — Ar. — p. = 8,67.
App. v. = Ko ichi bu gin.
Sign. = Vieux bu d'argent.
Sur la face = 1 bu d'argent ; au revers, en creux, *jô* qui
signifie « contrôlé » ; en relief Ginza (établissement pour
fabriquer les pièces d'argent).
Tsune Kore = nom du chef de cet établissement

(*Fig. 61.*)

1837 —

Ninkô Tennô. — Or. — p. = 11.23.
App. v. = Tempô koban kin.
Sign. = Petite plaque d'or de Tempô.

(*Fig. 62.*)

1837 —

Ninkô Tennô. — Or. — p. = 2,80.
App. v. = Tempô ichi bu kin.
Sign. = Bu d'or de Tempô.

(*Fig. 63.*)

1837 —

Ninkô Tennô. — Ar. — p. = 150,26.
App. v. = Tempô chôgin.
Sign. = Lingot d'argent de Tempô.

(*Fig. 64.*)

1836 —

Ninkô Tennô. — Ar. — p. = 17,77.
App. v. = Tempô mame ita gin.
Sign. = Goutte d'argent de Tempô.

(*Fig. 65.*)

1838 —

    Ninkô Tennô. — Or. — p. = 165,49.

    N. = 9^e Tempo.

    App. v. = Tempô ôban.

    Sign. = Grande plaque (d'or) de Tempô.

1853 —

    Kômei Tennô. — Ar. — p. = 1,89.

    N. =6^e Kaei.

    App. v. = Kaei isshiu gin.

    Sign. = 1 shiu d'argent de Kaei.

                                                     (*Fig. 66.*)

1856 —

    Kômei Tennô. — Or. — p. = 5,64.

    N. = 3^e Ansei.

    App. v. = Ansei ni bu kin.

    Sign. = 2 bu d'or d'Ansei.

                                                     (*Fig. 67.*)

1856 —

    Kômei Tennô. — Ar. — p. = 13,64.

    N. = 6^e Ansei.

    App. v. = Ansei ôgata nishiu gin.

    Sign. = 2 shiu d'argent d'Ansei, grand module.

                                                     (*Fig. 68.*)

1859 —

    Kômei Tennô. — Or. — p. = 8,98.

    App. v. = Ansei koban kin.

    Sign. = Petite plaque d'or d'Ansei (1 riyô).

                                                     (*Fig. 69.*)

1859 —

    Kômei Tennô. — Or. — p. = 2.24.

    App. v. = Ansei ichi bu kin.

    Sign. = 1 bu d'or d'Ansei.

                                                     (*Fig. 70.*)

1859 —

    Kômei Tennô. — Ar. — p. = 8,65.
    App. v. = Ansei ichi bu gin.
    Sign. = 1 bu d'argent d'Ansei.

                                         (Fig 61.)

1859 —

    Kômei Tennô. — Ar. — p. = 138,99.
    App. v. = Ansei chôgin.
    Sign. = Lingot d'argent d'Ansei.
    Sur la face, 2 empreintes du signe *sei*, 2ᵉ caractère du Nengo.

1859 —

    Kômei Tennô. — Ar. — p. = 9,76.
    App. v. = Ansei mame ita gin.
    Sign. = Goutte d'argent d'Ansei (porte quelques poinçons
    du signe *sei*).

1860—

    Kômei Tennô. — Or. — p. = 112,90.
    N. = 1ʳᵉ Man'en.
    App. v. = Man-en ôban kin.
    Sign. = Grande plaque d'or de Man'en.

1860—

    Kômei Tennô. — Or. — p. = 3,32.
    App. v. = Man-en koban kin.
    Sign. = Petite plaque d'or de Man'en (1 riyô).

                                         (Fig. 71.)

1860—

    Kômei Tennô. — Or. — p. = 0,83.
    App. v. = Man-en ichi bu kin.
    Sign. = 1 bu d'or de Man'en.

                                       (Fig. 72.)

1860—

    Kômei Tennô. — Or. — p. = 3,01.
    App. v. = Man-en ni bu kin.
    Sign. = 2 bu d'or de Man'en.

                                                (Fig. 73.)

1860—

    Kômei Tennô. — Or. — p. = 0,75.
    App. v. = Man-en ni shiu kin.
    Sign. = 2 shiu d'or de Man'en.

                                                (Fig. 74.)

1860—

    Kômei Tennô. — Fer. — p. = 4,13.

    App. v. = Sei tetsu sen.   L. = $4\frac{1}{2}3$

    Sign. = Pièce de fer pur. Mêmes inscriptions et même module que les Kan'ei shi mon sen.

1863 —

    Kômei Tennô. — Br. — p. = 3,75. — p. = 3,38.

    N. = 3^e Bunkiû.   L. = $4\frac{1}{2}3$

    App. v. = Bunkiû eihô.
    Sign. = Eternel trésor de Bunkiû ; au revers, 11 lignes courbes en relief comme dans les
    Kan'ei shi mon sen.

                                                (Fig. 75-76.)

Cette pièce valait aussi 4 mon, c'est-à-dire 4 pièces ordinaires de Kan'ei. A signaler quelques émissions en fer (fonte).

C'est, à proprement parler, la dernière des monnaies de l'ancien régime. Dans le nouveau, qui date de 1870, les types et les procédés européens sont servilement imités.

5. — De 1871 à l'époque actuelle.

1870 —

Konjô (empereur actuel). — Or. — p. = 33 ¹/₃.

N. = 3ᵉ année de Meiji.

Au centre, un dragon séparé de la légende par un grènetis.

« Dai Nippon. Meiji san nen. Ni jû yen. »

C'est-à-dire : « Grand Japon. 3ᵉ année de Meiji, 20 yen. »

R/. Un soleil radié, entouré d'une couronne formée, à gauche, d'une branche de kiri (Paulownia imperialis) et, à droite, d'un rameau de chrysanthème (kiku). Cet ensemble est croisé

par les hampes de deux étendards dont celui de droite porte le disque solaire et celui de gauche le croissant de la lune ; en haut, une fleur de chrysanthème (l'une des armoiries de l'empereur) ; au bas, feuilles et fruits de kiri (autre armoirie du souverain).

(*Fig. 77.*)

1870 —

Konjô. — Or. — p. = 16 ²/₃.

Même face et même revers, sauf la valeur « jû yen », « 10 yen, » au lieu de « ni jû yen » (20 yen).

1870 —

Konjô. — Or. — p. = 8 ¹/₃.

Même type sauf les dimensions et l'inscription de la valeur « go yen», « cinq yen, » au lieu de « jû yen = 10 yen ».

1870 —

Konjô. — Or. — p. = 3 ¹/₃. « ni yen, » « 2 yen ».

1870 —

Konjô. — Or. — p. = 1 ²/₃. « ichi yen, » « 1 yen ».

1870 —

Konjô. — Ar. — p. = 26,957.

Même type pour la face, sauf la valeur « ichi yen, » « 1 yen »

R/. Au centre, un soleil radié, séparé par un grènetis d'une couronne formée d'une branche de *kiri* et d'un rameau de chrysanthème ; en haut, une fleur de chrysanthème flanquée de deux armoiries constituées par les feuilles et les fleurs héraldiques du *kiri*.

(Fig. 78.)

1870 —

Konjô.

Au même type, pièces de 50 sen, de 20 sen, de 10 et de 5, pesant respectivement :

     50 sen,   12 $^1/_2$.

     20 sen,   5 grammes.

     10 sen,   2 $^1/_2$.

     5 sen,   1 $^1/_4$.

1870 —

Konjô. — Cuivre. — p. = 7, 128.

Même type pour la face, sauf la valeur « issen », « 1 sen. »

Même type pour le R/., excepté que l'espace occupé par les deux armoiries, *kiri*, porte en caractères japonais la mention suivante : « Centième partie du yen. » Au bas, le *kiri* recouvre le point de jonction des deux branches de la couronne.

1870 —

Konjô. — Cuivre. — p. = 3,564.

« Han-sen » « $^1/_2$ sen. »

1870 —

Konjô. — Cuivre. — p. = 0,9072.

Un soleil radié, et horizontalement l'inscription en japonais : 1 rin.

R/. Une fleur héraldique de chrysanthème, et en légende (en jap.) : « 3ᵉ année de Meiji, dixième partie du *sen.* »

1871 —

Konjô. — Or. — p. = 1 ²/₃.
N. = 4ᵉ de Meiji.
Au centre, en gros caractères japonais, « 1 yen », et en légende sur le pourtour : « Grand Japon, Meiji, 4ᵉ année » (caract. jap.).
R/. Comme celui de la figure 77.

(*Fig. 79.*)

1871 —

Konjô. — Ar. — p. = 1 ¹/₄.
Au centre, en caractères japonais, « cinq sen, » et sur le pourtour la même légende que ci-dessus.

(*Fig. 80.*)

1873 —

Konjô. — Ar. — p. = 13,4784.
N.= 6ᵉ année de Meiji.
Même face que la figure 78, excepté que la valeur est inscrite en *caractères européens* comme il suit : « 50 sen », et que la légende porte la date d'émission « Meiji roku nen », « Meiji 6ᵉ année, » au lieu de l'ancienne date « Meiji san nen», « Meiji 3ᵉ année. »
R/. La valeur s'y trouve écrite en caractères japonais : « Go jû sen, » entourés de la couronne
mi-partie *kiri* et *chrysanthème* ; en haut, une fleur héraldique de chrysanthème.

1873 —

Konjô. —
Au même type, pièces en argent de :

    20 sen,   p. = 5,39.
    10 sen,   p. = 2,69.
    5 sen,   p. = 1,35.   (*Fig. 81.*)

1873 —

Konjô. —

Au même type, pièces en cuivre de :

  2 sen,   p. = 14,256. (*Fig. 82.*)
  1 sen,   p. = 7,128.
  Han sen = $^1/_2$,   p. = 3,564.

R/. La fleur héraldique de chrysanthème qui orne le R/. en haut est flanquée de caractères japonais signifiant respectivement pour chacune des pièces qui précèdent, $^1/_{50}$ de yen, $^1/_{100}$ de yen, $^1/_{200}$ de yen.

1873 —

Konjô. — Cuivre. — p. = 0,9072.
Une fleur héraldique de chrysanthème aux trois quarts entourée par une inscription japonaise : « Grand Japon, Meiji, 3e année. » Au dessus de la fleur et en caractères européens : « 1 rin. »
R/. « 1 rin » en caractères japonais.

(*Fig. 83.*)

1874 —

Konjô. —

Au type des monnaies d'argent de l'émission de 1873, une pièce de 1 yen. Sur la face, en bas, on lit en caractères européens « 416. one yen 900 » indiquant : 416, le poids de la pièce en « grains » anglais ; *one* yen, la valeur en langue anglaise (*one* = 1) ; 900, le titre, c'est-à-dire 900 parties d'argent fin sur 1000.

(*Fig. 84.*)

II

MONNAIES PROVINCIALES.

Grâce à de sérieux documents, il a été possible, dans les pages précédentes, de fixer avec exactitude les dates d'émission des monnaies de cours du gouvernement central. Il parait fort difficile d'analyser de même, avec quelque certitude, les nombreuses espèces provinciales encore imparfaitement étudiées au point de vue scientifique moderne. Aussi, sans chercher à présenter une nomenclature complète, nous nous bornerons à signaler, avec quelques détails, les systèmes monétaires provinciaux les plus complets ou les plus connus.

1. — *Province de Kôshiû ou Kai.*

Il a déjà été fait mention du système monétaire de cette province, lequel ne comporte que des espèces d'or, dans la première partie de cette étude. Sans revenir sur ce qui a été dit à ce sujet, nous nous bornerons, avant de donner la description de ces monnaies, à ajouter quelques renseignements complémentaires. Le monopole de leur fabrication appartint longtemps aux quatre familles: Matsuki, Nonaka, Shimura, Yamashita ; mais c'est la première d'entre elles qui en fit, et de beaucoup, le plus grand nombre. Transitoirement, cette lignée des Matsuki fut, il est vrai, relevée de ses fonctions, notamment à la fin du XVIe siècle, mais en fin de compte, et quelques années plus tard le monopole complet de cette fabrication lui fut concédé à perpétuité.

On peut, suivant les signes qu'elles portent, rattacher les monnaies émises à quatre types principaux qui correspondent à autant d'époques et de qualités intrinsèques des métaux employés.

1re Série. — Les plus anciennes espèces, émises de la fin du XVIe siècle au XVIIIe sur l'ordre de Takeda Shingen, seigneur de cette province, et sous son successeur, se distinguent par le nom de l'une des familles précédemment citées, poinçonné sur le flan monétaire. C'est le nom de Matsuki qui revient le plus souvent. Ces monnaies sont les plus estimées, et le métal employé est tout à fait semblable, comme qualité, à celui qui servait, vers la même époque, à faire les pièces d'or de Keichô, du gouvernement central. Les espèces de cette série sont généralement désignées sous le nom de *ko-kin*, « vieil or. »

Vers 1690, la descendance directe de Takeda étant éteinte, la province de Kai fut gouvernée par un daïmio Matsudaira Yoshiasu nommé par le shogun. Dans un but d'uniformité il fut alors question de substituer aux monnaies d'or provinciales, jusqu'alors en usage, le numéraire du gouvernement central. Mais la population, très attachée à ses anciennes espèces d'or célèbres dans tout le Japon, protesta vivement et obtint de nouveau l'autorisation d'utiliser ses vieilles monnaies. Comme leur qualité était alors supérieure à celle du numéraire d'or du gouvernement central, il fut décidé qu'on procéderait à une nouvelle émission qui constitue la catégorie suivante.

2e Série. — La fabrication commença dès 1706. La qualité du métal est inférieure à celle de la période précédente et se rapproche de celle de l'or de Genroku du gouvernement central. Les monnaies de cette série, outre le nom de « Matsuki » qui se trouve toujours sur la face, portent au revers, avec le caractère *ko*, qui est le premier du nom de la province de Kôshiû, celui de *an*, (tranquillité) », d'où le nom de « kô-an-kin », « Or de Kôshiû au signe *an*, » donné à ces espèces.

3e Série. — Vers 1710, on fabriqua des monnaies portant au revers le signe *jô* (sincère), d'où la dénomination de « kô-jô-kin », « Or de Kôshiû au signe *jô*. » De nouvelles émissions de cette série eurent lieu en 1717 et en 1732.

4e Série. — Entre temps enfin, de 1721 à 1724, les monnaies émises portèrent au revers le signe *jiû* (accroissement), d'où la désignation de « kô-jiû-kin », « Or de Kôshiû au signe *jiû* » donnée à cette série. Puis la province de Kôshiû fut définitivement rattachée à l'empire et l'autonomie de son système monétaire, disparut avec les vestiges de son indépendance relative.

L'échelle des valeurs dont se compose le système monétaire de la province de Kôshiû a précédemment été donné. Nous nous bornerons à signaler quelques types caractéristiques de ces intéressantes émissions.

1ʳᵉ série. — Ko-kin.
6 SPÉCIMENS

Jû riyô	= 10 riyô.	(*Fig. 85.*)
Ichi riyô	= 1 riyô.	(*Fig. 86.*)
Ni bu	= 2 bu.	(*Fig. 87.*)
Ichi bu	= 1 bu.	(*Fig. 88.*)
Ni shiu	= 2 shiu.	(*Fig. 89.*)
Isshiu	= 1 shiu.	(*Fig. 90.*)

2ᵉ série.
/

3ᵉ série. — Kô-jô-kin.
4 SPÉCIMENS

Ichi bu	= 1 bu.	(*Fig. 91.*)
Ni shiu	= 2 shiu.	(*Fig. 92.*)
Isshiu	= 1 shiu.	(*Fig. 93.*)
Shiunaka	= 1/2 shiu.	(*Fig. 94.*)

4e série. - Kô-Jiû-kin.
4 SPÉCIMENS

Ichi bu	= 1 bu.	(*Fig. 95.*)
Ni shiu	= 2 shiu.	(*Fig. 96.*)
Isshiu	= 1 shiu.	(*Fig. 97.*)

Shiunaka = $\frac{1}{2}$ shiu.   (*Fig. 98.*)

Parmi les essais intéressants, citons :

1° Une tige rectangulaire poinçonnée, destinée à être fragmentée au besoin et remontant à la fin du XVIIe siècle. Cette monnaie est connue sous le nom de « Nobe kin, » qui rappelle sa destination.

(*Fig. 99.*)

2° Une pièce de 1 riyô contenant la même quantité de métal que les disques circulaires et minces des diverses séries, mais d'une épaisseur considérable, 3ᵐᵐ, et d'un diamètre beaucoup moindre que les monnaies de même valeur. Elle porte en relief sur sa face un cheval passant, d'où son nom : « Koma ichi riyô, » c'est-à-dire « 1 riyô portant l'empreinte d'un petit cheval. »

(*Fig. 100.*)

2. — *Province de Kaga ou Kashiû.*

On range sous le nom de monnaies de Kaga ou de Kashiû (Kashiû Ka) toutes celles qui furent émises sur les territoires compris avant 1868 dans les trois provinces de Kaga, Noto et Echiû. Ces contrées formaient le domaine du daïmio ou prince Maëda.

Les émissions de monnaies d'or et d'argent se succédèrent pendant à peu près 80 années à compter de 1575 environ.

Cette province, bien que venant en seconde ligne, en quelque sorte, au point de vue de sa production monétaire, est bien loin en arrière de celle de Kôshiû. La qualité de ses espèces d'or est médiocre. Ses monnaies d'argent sont, au contraire, de premier ordre, tant au point de vue de la qualité du métal employé que du fini de l'exécution. Ce qui distingue particulièrement cette province, c'est, avec le nombre des espèces émises, la variété des types adoptés. Il ne semble pas qu'on soit jamais sorti d'une période de tâtonnements et d'essais, intéressants il est vrai, mais fort au dessous du système complet de Kôshiû.

Nous citons ci-dessous quelques-uns des types les plus caractéristiques des monnaies d'or et d'argent.

Il semble à peu près certain que cette province n'eut jamais de monnaies de cuivre spéciales.

Monnaies d'argent.
4 SPÉCIMENS

1° Ichi bu = 1 bu.

(*Fig. 101.*)

2° App. v. = Meïbachi koban.
Sign. = petite plaque de Meïbachi (1 riyô).

(*Fig. 102.*)

3° App. v. =Hanafuri ichi riyô.
Sign. = 1 riyô, pluie de fleurs ; nom donné, on ne sait pourquoi, à l'argent de qualité remarquable.

(*Fig. 103.*)

4° App. v. =Hanafuri ôban.
Sign.= grande plaque pluie de fleurs (10 riyô).

(*Fig. 104.*)

Monnaies d'or.

App. v. = Giû-zetsu ôban.
Sign. = grande plaque d'or ayant la forme d'une langue de bœuf.
Outre les empreintes en forme de croissant, la face porte les armes octroyées jadis à la famille Maëda par Taiko Sama ; plus, au centre, le signe *hô* « chose précieuse ». On remarque au revers un signe particulièrement important *sakae*, dont l'origine et le sens exact sont inconnus. Les autres empreintes sont des poinçons de contrôle.

(*Fig. 105.*)

III

MONNAIES DIVERSES PROVINCIALES OU LOCALES.

La variété des monnaies émises dans les autres provinces du Japon est considérable ; il serait fastidieux, et peut-être sans intérêt réel, de les vouloir toutes décrire. Nous nous bornerons donc à en présenter un certain nombre, qui paraissent, à des titres divers, devoir mériter une mention spéciale. Disons d'abord d'une façon générale que toutes les provinces, villes et territoires dont les espèces de cuivre portent l'inscription « Kan-ei tsu-hô » c'est-à-dire « monnaie de cours de Kan'ei », étaient plus spécialement soumises au shogun.

1. — *Ile de Sado.*

Monnaies de bronze.

Etablissement d'Aikawa.
App. v. = Kan-ei tsu-hô sa no ji sen.
Sign. = Monnaie de cours de Kan'ei portant le signe *sa* (1er signe de Sado) au revers en haut.
Trois émissions, 1716, 1736, 1861, se distinguant par les formes différentes du signe *sa*.

2. — *Province de Rikuzen* (chef-lieu Sendai).

Monnaies de bronze.

Etablissement d'Ishinomaki.

1° — App. v. = Kan-ei tsu-hô sen no ji sen.

Sign. = Monnaie de cours de Kan'ei au signe *sen*, 1er caractère du nom Sendai.

Deux émissions, 1728 et 1737, se distinguant par la forme du signe *sen* qui figure au revers.

(*Fig. 106.*)

2° — 1658. — App. v. = Manji sendai tsuhô.

Sign. = Monnaie de cours de Sendai de l'époque Manji.

Face. - « Sendai tsu-hô » = Monnaie de cours de Sendai.

R/. - « Manji gen nen sho-getsu kichi nichi » = 1re année de Manji, premier mois, jour du bonheur (premier jour).

(*Fig. 107.*)

3° — 1704. — App. v. = Sendai tsuhô ichi mon.

Sign. = Monnaie de cours de Sendai de 1 mon.

(*Fig. 108.*)

Il existe aussi des monnaies de fonte de même module.

Autre émission en 1864 portant la même inscription sur la face, mais de plus grand module.

(*Fig. 109.*)

Monnaie de plomb.

Date d'émission inconnue.

App. v. = Sendai hosokura.

Hosokura est le nom de la localité où fut fondue cette monnaie. La face porte horizontalement Hosokura, et verticalement *tô hiaku* = valeur 100 (mon).

Au revers, au dessous de l'ouverture carrée, le monogramme du chef de l'établissement.

(*Fig. 110.*)

Monnaie d'argent.

App. v. = Ginzan ko dama.

Sign. = Petite boule d'argent.

Elle porte le signe *sen*, premier de Sendai, et aussi poinçonné le caractère *bun*, indiquant l'ère d'émission Bunkiû, 1861-1863.

3. — *Province de Hitachi* (chef-lieu Mito).

Monnaies de bronze.

1° — App. v. = Kiû no ji sen.

Sign. = Pièce (de bronze) au signe *kiû*, 1er de Kiû-ji, nom du canton dans lequel se trouvait l'établissement monétaire.

Date. - 1764.

Face. - Kan-ei tsu-hô.

R/· - Au dessus de l'ouverture carrée, le signe *kiû*.

D'autres pièces portent au dessus du trou le signe précédent et au dessous *ni* = deux, correspondant sans doute à une deuxième émission. Ces pièces ont été également fabriquées en fonte.

(Fig. 111.)

2° — App. v. = To no ji sen.

Sign. = Pièce de bronze au signe *to*, 2e syllabe de Mito, lieu d'émission, écrit en caractères dits « katakana ».

Face. - Kan-ei tsu-hô.

R/. - Le signe *to* au dessus de l'ouverture.

Date d'émission. - 1860.

Deux émissions, l'une de pièces de 1 mon *(Fig. 112.)* l'autre de 4 mon.

3° — Face. - Bizu nan-zan.

R/· - Image de Daikoku, dieu de la richesse.

Valeur. - 50 mon.

Date d'émission. - 1861. - Bronze et fonte.

(Fig. 113.)

4° — Face. - Fukoku kiôhei
R/. - Un chien aboyant.
Valeur. - 100 mon.
Date d'émission. - 1861. - Bronze et fonte.

(*Fig. 114.*)

Monnaies d'or.

App. v. = Tsuchi ura (1 riyô).
Pièce d'or considérée comme l'une des plus artistiques parmi les vieilles monnaies japonaises.

(*Fig. 115.*)

4. — *Province de Tosa*

Monnaies de bronze.

1° — App. v. = Tosa tsu-hô.
Sign. = Monnaie de cours de Tosa.
Sur la face figure l'inscription précédente.
R/. - *tô hiaku* = valeur 100 (mon).
Date d'émission. - 1860.

(*Fig. 116.*)

2° — App. v. = Tosa no ken (inscription figurant sur la face).
R/. - Ichi momme.

(*Fig 117.*)

5. — *Province de Chikuzen*

Monnaie de bronze.

Face. - Chikuzen tsu-hô. = Monnaie de cours de Chikuzen.
R/. - Tô hiaku. = valeur 100 (mon), et, au dessous du trou carré,

le monogramme du chef de la monnaie de cette province.

Date. - 1861.

(*Fig. 118.*)

6. — *Province de Satzuma*
(autrefois suzeraine de la rangée des îles Riu-Kiu).

Monnaies de bronze.

1° — Face. - Riû-kiû tsu-hô. = Monnaie de cours de Riu Kiu.
R/. - Tô hiaku. = Valeur 100 (mon).
Date. - 1861.

(*Fig. 119.*)

2° — Face. - Riû-kiû tsu-hô.
Valeur. - 312,5 mon. — Date. - 1862.

(*Fig. 120.*)

7. — *Province de Dewa* (ville principale Akita).

Monnaies de bronze.

1° — App. v. = Dôzan shi hô.
Sign. = Montagne de cuivre très précieuse (Dôzan est le nom générique des mines de cuivre).
Face. - Inscription précédente.
R/. - (horizontalement). Go-jû = 50 (mon) ;
    (verticalement). Kiû ni, c'est-à-dire : « 2ᵉ année de la période Bunkiû. »
Date. - 1862.

(*Fig. 121.*)

2° — Même dénomination que ci-dessus et même inscription sur la face.

R/. - (verticalement). Tô hiaku = valeur 100 (mon).

(horizontalement). Kiû ni, c'est-à-dire « 2ᵉ année de Bunkiû. »
Date. - 1862.

3° — App. v. = Nami sen.
Sign. = Pièce avec des vagues.
Au R/., poinçonné, le premier signe *aki*, du nom Akita de la ville
principale de la province.

(Fig. 122.)

4° — App. v. = Hakke sen.
Sign. = Pièce aux huit diagrammes.
Sur la face, deux phénix (oiseaux fabuleux), traités sommairement
et venus de fonte.
Au revers, huit groupes de traits, également venus de fonte.

(Fig. 123.)

Ce sont les huit groupements divers qu'on peut obtenir au
moyen de six baguettes réunies deux à deux, et tantôt juxtaposées
complètement, de manière à former une tige continue, tantôt
séparées par un petit intervalle.

Les devins Japonais disent la bonne aventure suivant le
groupement de ces baguettes, comme les nôtres le font au moyen
des cartes. Chaque groupement correspond à une idée spéciale,
de réussite ou de malchance, de fortune ou de pauvreté, etc. Ces
devins sont fréquemment consultés surtout par les gens du peuple,
au Japon comme en Europe, extrêmement superstitieux.

Il semble démontré que ce furent là les premiers signes
idéographiques employés par les Chinois.

Monnaies d'argent.

1° — App. v. = Akita ichi bu.
Sign. = 1 bu d'Akita. — 1860.

(Fig. 124.)

2° — App. v. = Akita ni bu ban.
Sign. = 2 bu d'Akıta. — 1830 ?

3° — App. v. = Akita koban (1 riyô).
Sign. = Petite plaque (d'argent) d'Akita.

Porte poinçonné sur la face ; au centre, le poids de la pièce « 9 momme 2 fun » = 8 gr. 26 ; sur le pourtour, 6 empreintes de l'établissement ; près du centre, un poinçon de vérification. Au revers, sur le pourtour, 4 empreintes ; vers le bas, le signe *aki*, 1er du nom du chef-lieu Akita.

(*Fig. 125.*)

8. — *Province de Setsu* (Chef-lieu Ozaka).

Monnaie de bronze.

Face. - Kan-ei tsu-hô.
R/. - Signe *gen*. — Emission 1742.

(*Fig. 126.*)

9. — *Province de Shimozuke*
(Etablissement d'Ashiwo).

Monnaie de bronze.

Face. - Kan-ei tsu-hô.
R/. - Ashi. — Premier signe de Ashiwo.
Emission. - 1742.

10. — *Province de Kishû.*

Monnaie de bronze.

Face. - Kan-ei tsu-hô.

R/. - Ichi (un) au dessus du trou central.
Emission. - 1741.

11. — *Hakodate* (cap. de l'île Ezo).

Monnaie de bronze.

App. v. Hakodate tsu-hô.
Sign. = Monnaie de cours d'Hakodate.
Au R/., signe *an*, le premier de l'ère d'émission Ansei.
Date d'émission. - 1856.
Trou central rond.

(*Fig.127.*)

12. — *Nagasaki.*

Monnaie de bronze.

Face. - Kan-ei tsu-hô.
R/. - Signe *naga* (1er du nom de Nagasaki.)
Date. - 1768.

(*Fig. 128.*)

IV

MONNAIES TRÈS ANCIENNES D'ORIGINE INCONNUE OU DOUTEUSE.

Les pièces jusqu'ici décrites peuvent être assez exactement classées au double point de vue de l'origine et de la date d'émission. Mais il en existe d'autres, en nombre assez considérable, sur l'origine desquelles plane un mystère qu'il sera difficile de déchirer. Suivant les caractères ou les signes qu'elles portent, ou bien encore la tradition et les lieux où elles ont été recueillies, ces monnaies ont été rattachées plus ou moins arbitrairement à telle ou telle province, telle ou telle époque. Ce qui toutefois semble positif, c'est qu'elles sont très probablement provinciales et antérieures à la fin du XVIᵉ siècle.

Elles affectent d'ailleurs les formes les plus diverses et ne portent parfois que des empreintes grossièrement tracées en creux. Les plus fréquentes sont :

Jû — dix.
Jô — supérieur.

Et aussi un signe en quelque sorte conventionnel signifiant : *gan* « oie ». On les attribue généralement à la province de Kaga. Nous avons fait figurer sur nos planches quelques spécimens de monnaies rentrant dans la catégorie qui fait l'objet de ce paragraphe. Ces pièces sont généralement désignées comme il suit :

Monnaies d'or.

Sagami (province) Odawara koban.   (*Fig. 129.*)
Sagami (prov.) Ôiso koban.   (*Fig. 130.*)

Tamba (prov.) Kameyama koban.   *(Fig. 131.)*
Musashi (prov.) Ni riyô kin.   *(Fig. 132.)*
Musashi (prov.) Benjô koban.   *(Fig. 133.)*
Echigo (prov.) Takata koban.   *(Fig. 134.)*
Echigo (prov.) Jo en koban.   *(Fig. 135.)*
Mutsu (prov.) Fundo kin.   *(Fig. 136.)*
Shimosa (prov.) Chiba ji miyô.   *(Fig. 137.)*
Minamoto koban (de Sakai).   *(Fig. 138.)*
Ju-ei koban. (1182).   *(Fig. 139.)*
Korai koban (Takaku de Hizen).   *(Fig. 140.)*
Tai-ei koban.   *(Fig. 141.)*
Chô sen ôban.   *(Fig. 142.)*

Monnaies d'argent.

Echizen (prov.) Tsuta no koban (1 riyô).   *(Fig. 143.)*
Yamashiro (prov.) koban (1 riyô).   *(Fig. 144.)*
Sagami (prov.) Kiku koban
(*kiku* = fleur de chrysanthème), (1 riyô).   *(Fig. 145.)*
Yamagata (ville) Koban (1 riyô).   *(Fig. 146.)*
Tajima (prov.) Nan riyô (1 bu).   *(Fig. 147.)*
Tajima (prov.) Ichi riyô.   *(Fig. 148.)*
Dewa (prov.) Kubota kiri gin.   *(Fig. 149.)*
Sekishiû (prov .) Ôban gin (10 riyô).   *(Fig. 150.)*
Sakai (ville) Minamoto koban (1 riyô).   *(Fig. 151.)*
Nagatô Ôban gin. (10 riyô).   *(Fig. 152.)*

IV

MONNAIES DE FANTAISIE

Médailles et Jetons.

L'usage des cadeaux, des souvenirs, est extrêmement répandu dans tout l'Orient. A l'occasion de fêtes, d'anniversaires ou d'événements mémorables, les seigneurs avaient l'habitude de faire des dons à leurs parents, amis, ou serviteurs préférés.

Les distinctions honorifiques telles que nos décorations n'existaient point jadis au Japon, mais les princes ou souverains n'en étaient pas moins reconnaissants des services rendus. Au point de vue militaire, notamment, les généraux en chef distribuaient des récompenses à leurs officiers les plus valeureux. C'étaient, généralement, des armes précieuses, des objets d'art et même de véritables monnaies de grande valeur. Mais, lorsqu'il s'agissait de souvenirs destinés à des femmes, là-bas comme chez nous sensibles aux attentions, l'usage s'introduisit assez rapidement de leur donner des pièces de métal précieux, il est vrai, rappelant les monnaies de cours par leurs formes générales, mais ayant des dimensions et des poids infiniment moindres.

Au lieu des empreintes officielles, ces monnaies, appelées *gansho* (monnaies de fantaisie) quand elles étaient de métal précieux, *esen* (pièce avec des dessins), lorsqu'elles étaient en bronze, portaient, poinçonnés ou venus de fonte, des sujets plus ou moins artistiques et très variés.

Celles qui, véritables ex-voto, étaient destinées aux temples ou à certaines divinités particulières, portaient des empreintes ou des inscriptions conformes à leur destination. Le nombre de ces productions diverses est considérable, on en compte plus de 70 en or ou en argent.

Le nombre des *esen* de bronze est en quelque sorte illimité. La raison d'être de ces *esen*, leur destination, sont en général des plus incertaines. On pourrait, semble-t-il, en raison de leurs usages apparents, les diviser en plusieurs catégories distinctes :

1° Ceux qui sont destinés à perpétuer le souvenir d'une date, d'un fait mémorable, et remplissant ainsi le but de nos médailles commémoratives.

2° Ceux qui, portant des prières bouddhistes ou de grossières images des dieux de l'Olympe japonais, pourraient être rattachés à nos ex-voto, ou à nos médailles de consécration.

C'est ainsi que, dans les établissements monétaires, chaque coulée comprenait, outre des monnaies de cours, un certain nombre d'*esen* de cette nature, destinés, dans l'esprit des ouvriers ; à porter bonheur à l'ensemble de l'émission et à ceux qui en feraient usage. La « Branche de Sen » dont il est fait mention à l'article « fabrication » indique nettement cette curieuse disposition.   (*Fig. 1.*)

3° Une autre catégorie comprendrait, enfin, les *esen* qu'on pourrait, au point de vue de leur usage, rattacher aux jetons ou aux tessères. Il en est qui portent les symboles les plus divers, les images les plus inattendues et les plus incompréhensibles.

Les monuments monétaires dont il vient d'être question, monnaies de fantaisie, médailles, jetons et tessères, ne présentent au point de vue scientifique et historique qu'un intérêt des plus médiocres. Il a paru bon, cependant, de les signaler, parce qu'ils sont les seuls de toute la série numismatique que nous avons parcourue, fixant quelques détails, quelques usages de la vie populaire du Japon, quelques symboles de la religion. A une distance très grande, et bien que la comparaison puisse sembler hardie, ils donneront, mais à un degré beaucoup moindre, des renseignements de même ordre que ceux qui abondent au revers des monnaies grecques et surtout romaines.

Ci-dessous quelques types pouvant être rattachés à l'une des catégories précédemment indiquées.

Monnaies de fantaisie (*gansho*).

Or.

Tomoe ichi Bu. (*tomoe* = nom de la figure qui orne le revers
(*Fig. 153.*)

Tomoe ôban.   (*Fig. 154.*)
Daikoku ichi bu.   (*Fig. 155.*)

Argent.

Tsuru chiyo Koban. (*tsuru* = grue.)   (*Fig. 156.*)

*Bronze (*esen*).*

(*Fig. 157 à 166.*)

MONNAIES JAPONAISES

Fig. 1 à 166

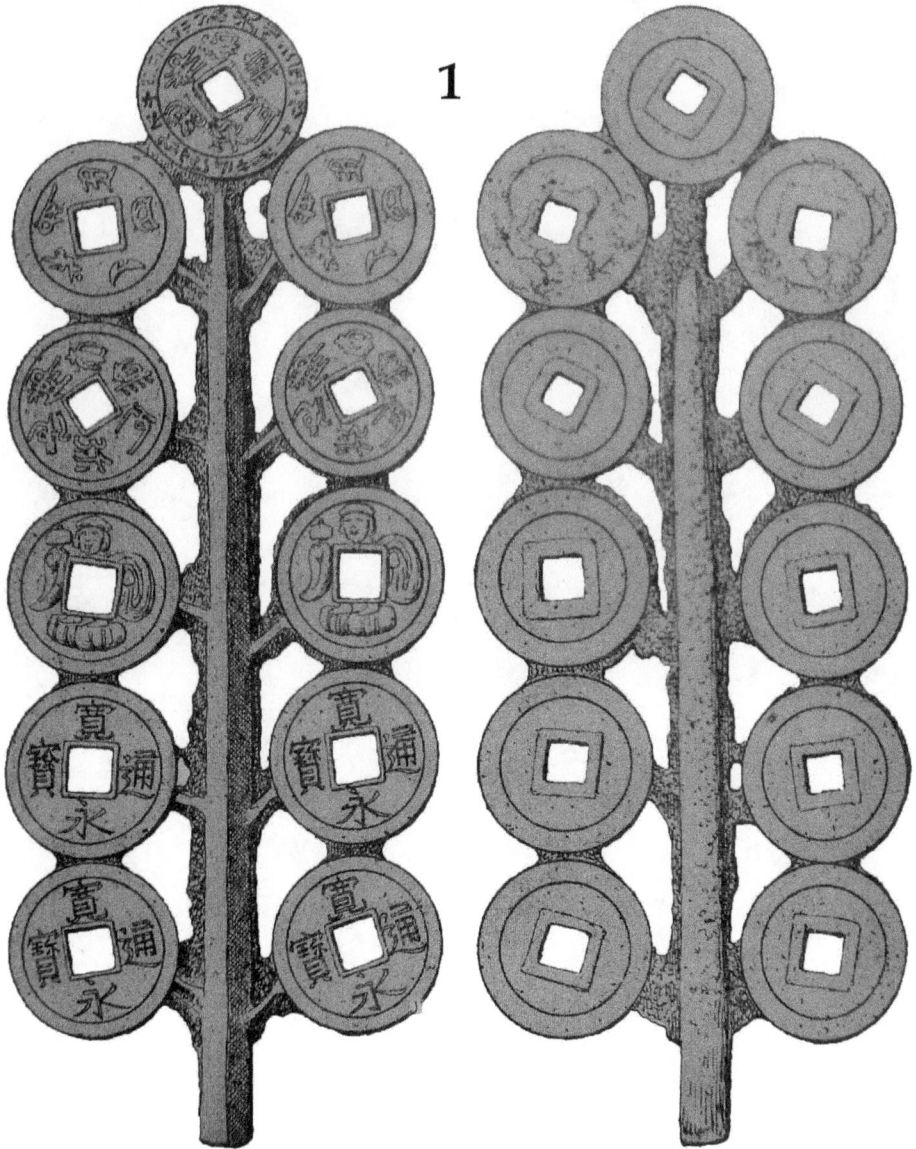

1

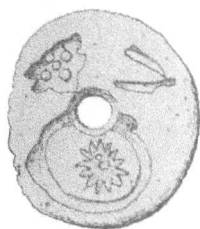  2

 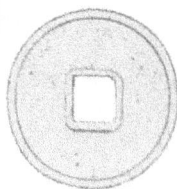 3

  4

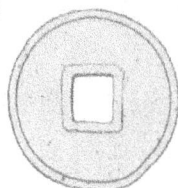 5

 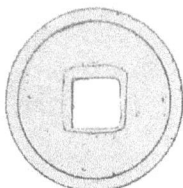 6

 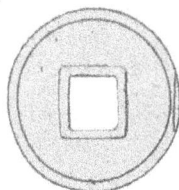 7

 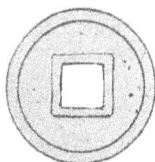 8

 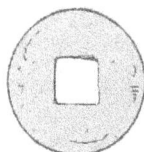 9

 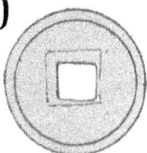 10

 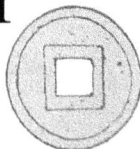 11

 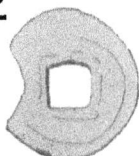 12

 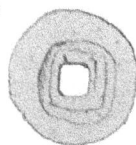 13

14
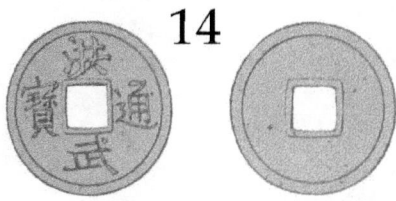

15
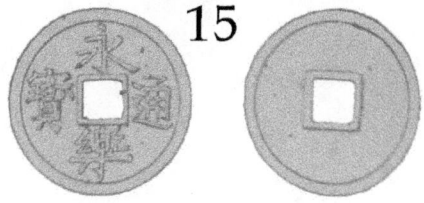

16
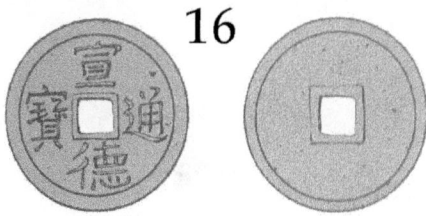

17
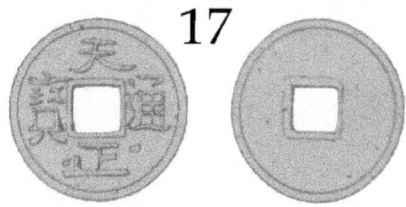

20

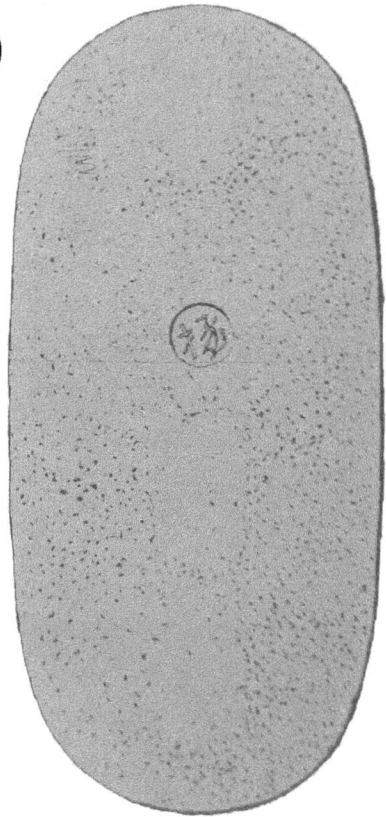

18

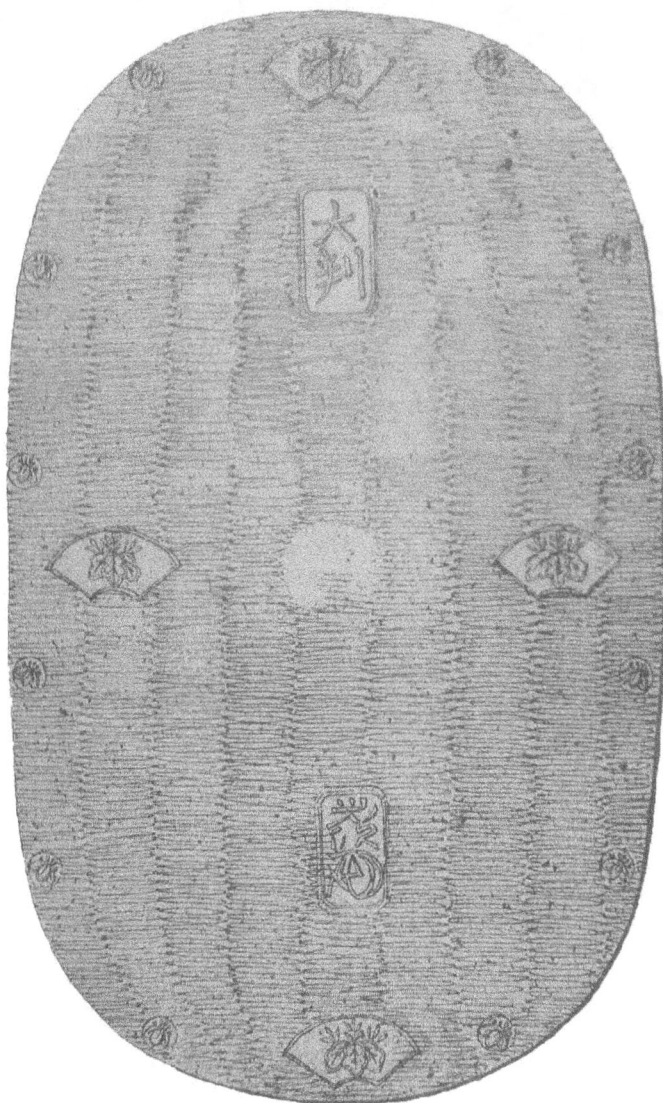

18a  18b

19

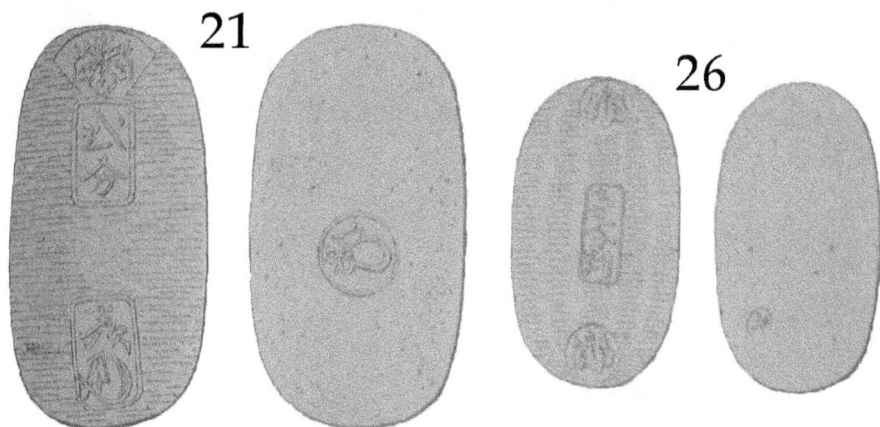

21   **26**

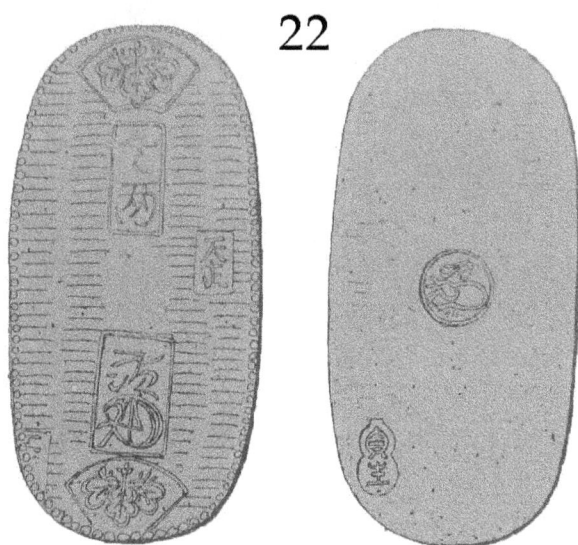

22

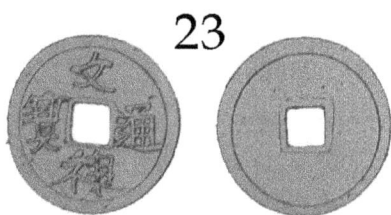 

23   **24**

VII

24

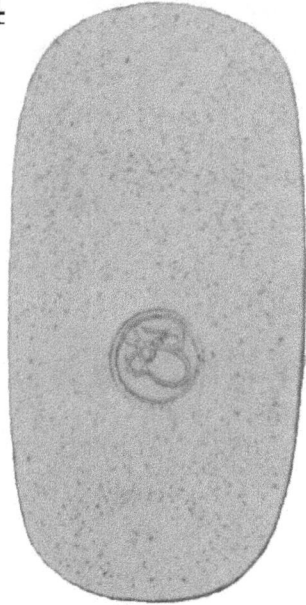

25

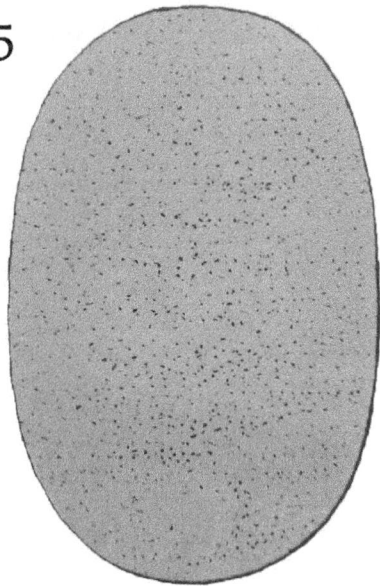

VIII

28

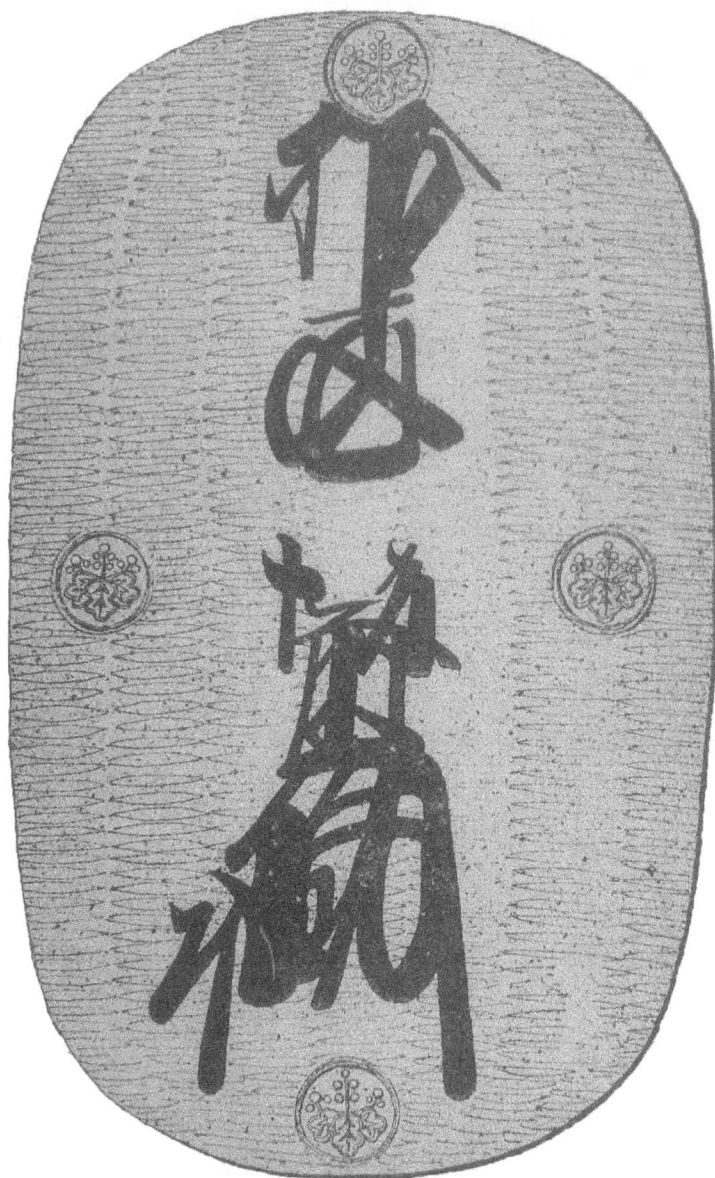

28a 28b 28c 28d

29

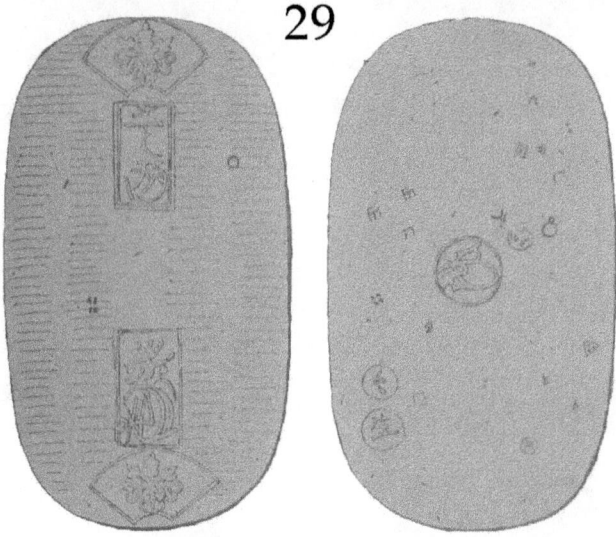

30

35

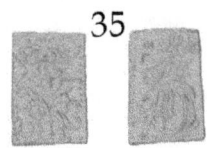

36

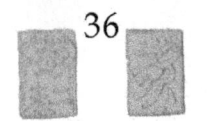

31

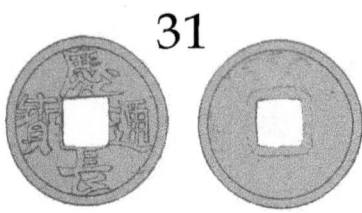

32

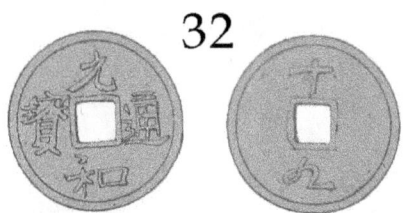

33

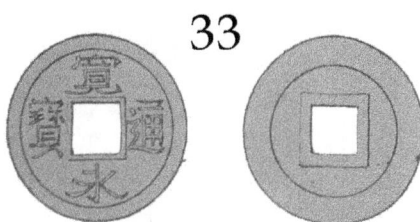

34

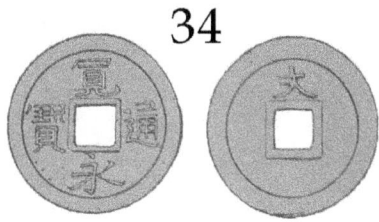

37

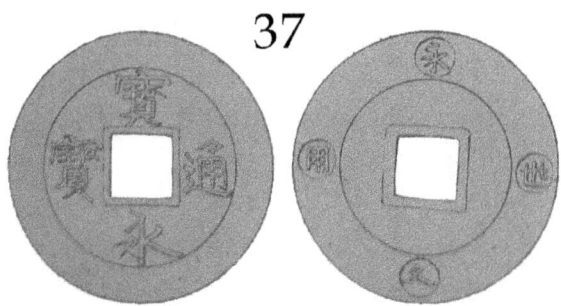

38

39

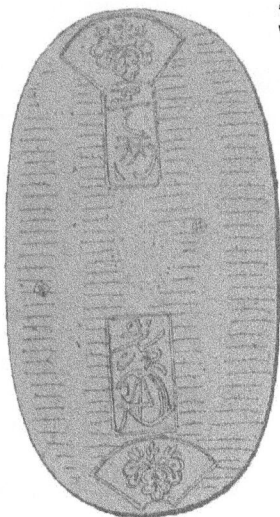 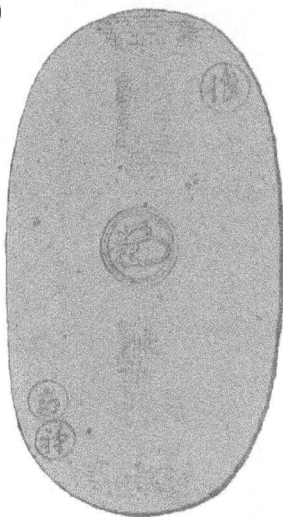

40

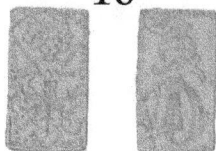

42

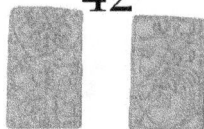

41

 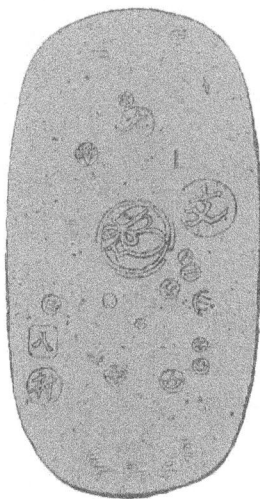

44

45

49

43

50

46
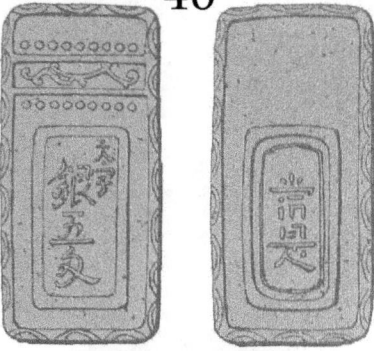

47

48
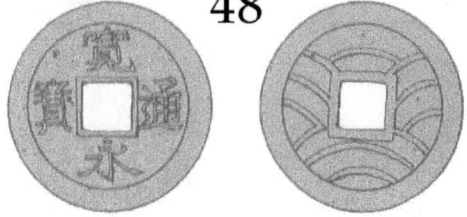

52

51
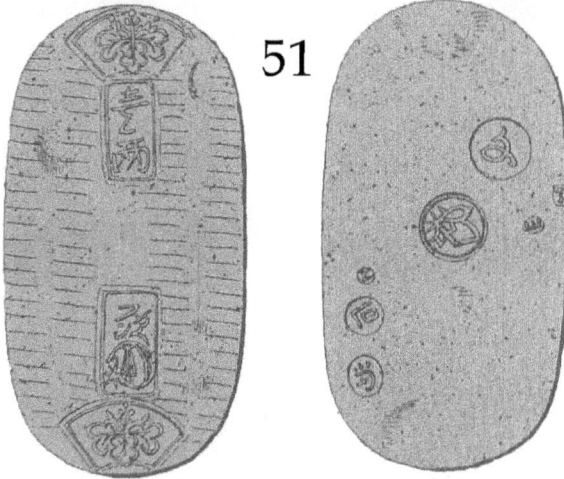

53

54

59
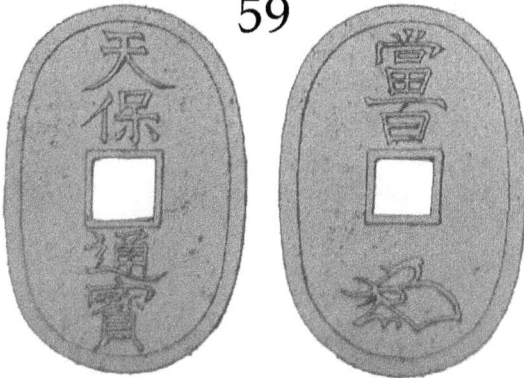

55

56

60

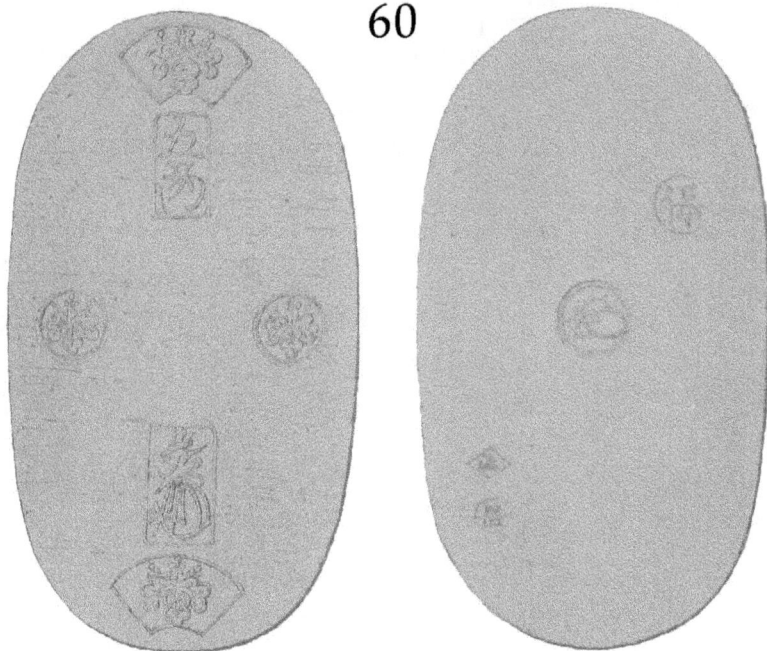

57

58

63

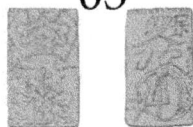

62

61

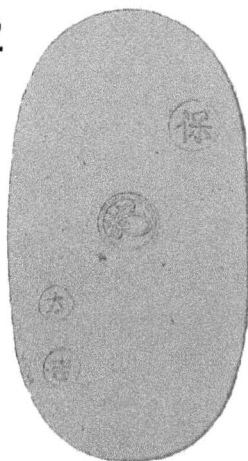

65

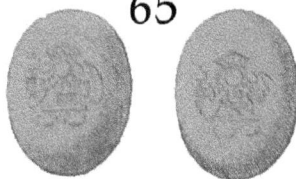

64

66

67

68

70

69
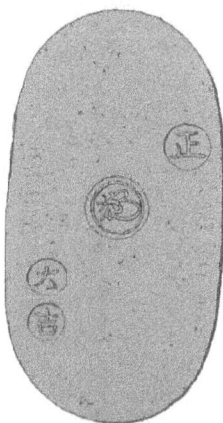

71

72

73

74

XIV

75

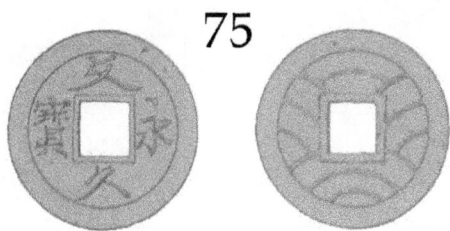

79

80

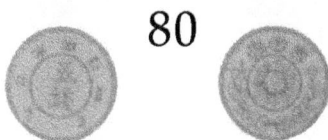

76

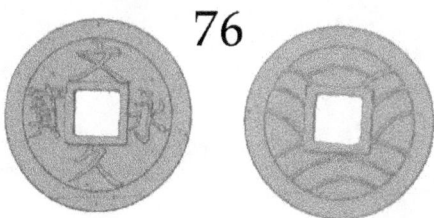

81

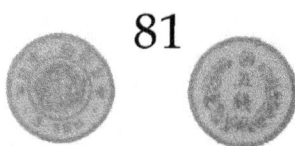

77

83

78

82

XV

84

88

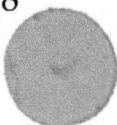

89

85

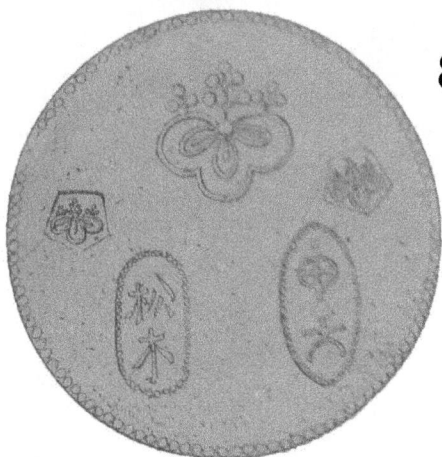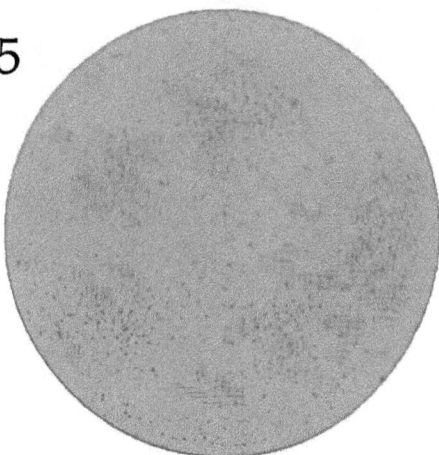

$\dfrac{86}{8}$

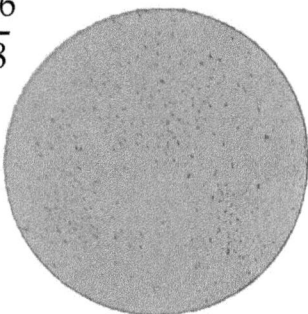

90

92

91

87

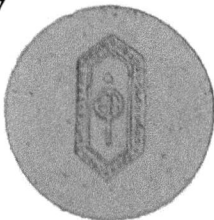

93

XVI

94

99

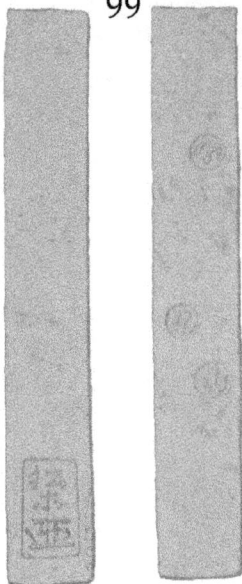

97

95

98

96

100

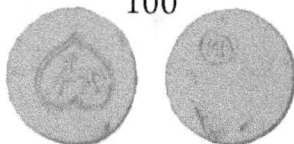

105

104

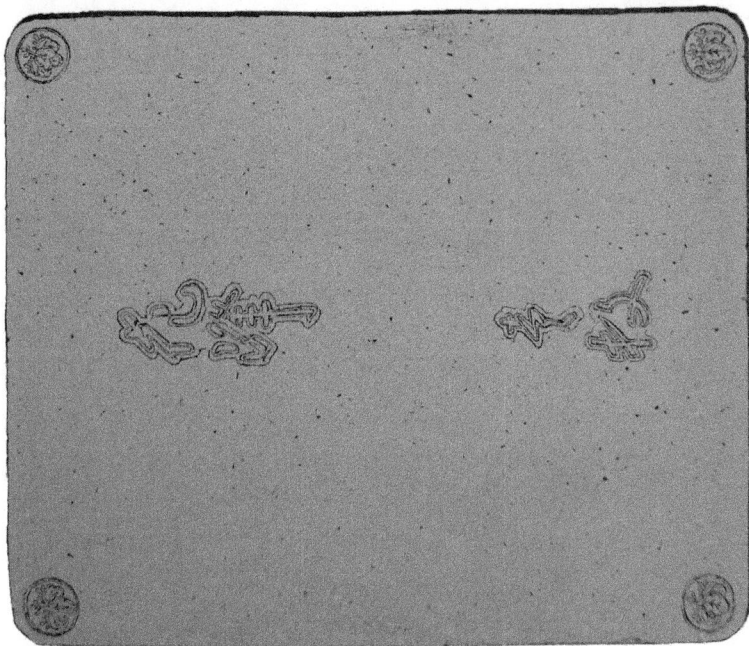

103

107

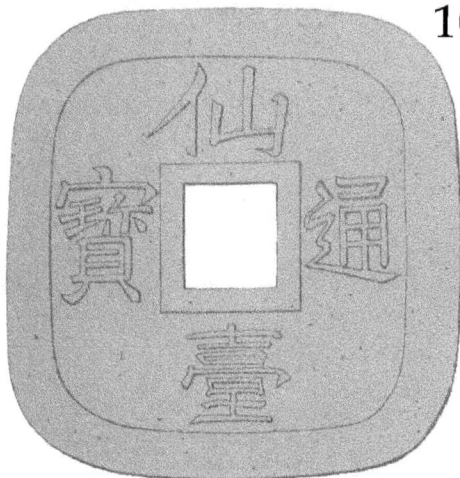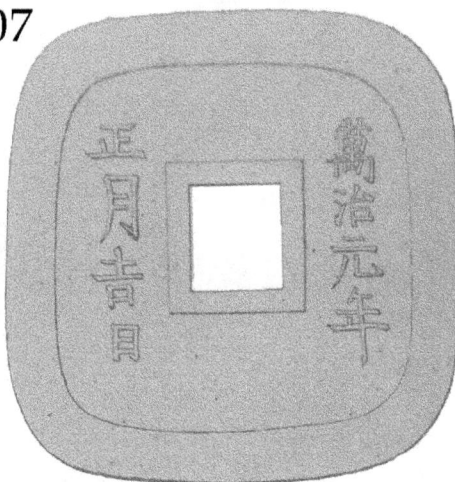

110

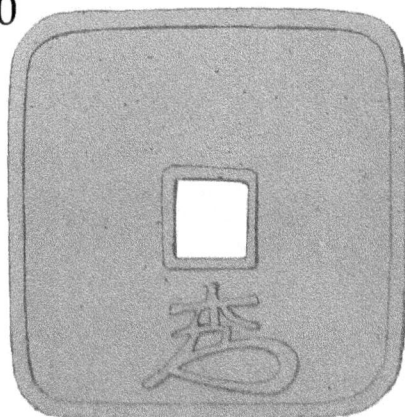

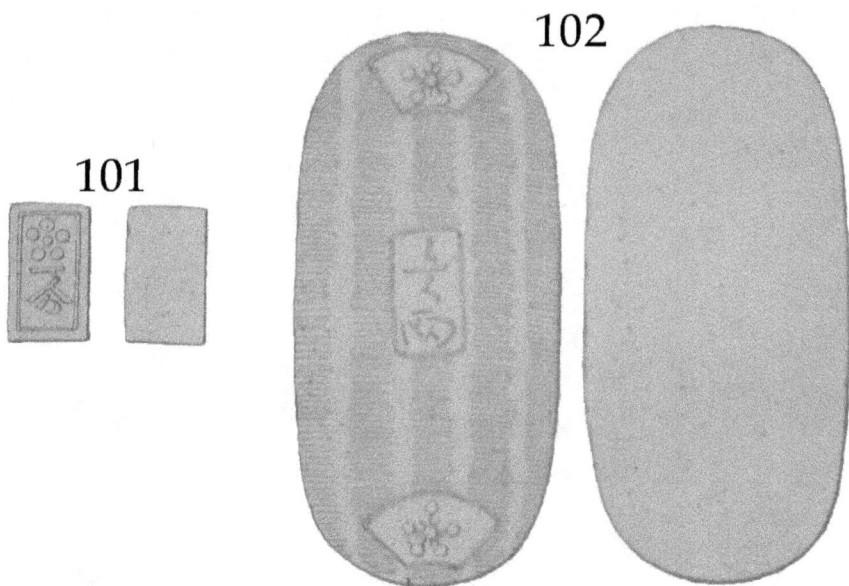

101   102

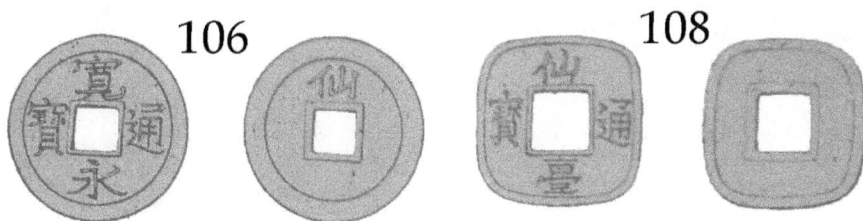

106   108

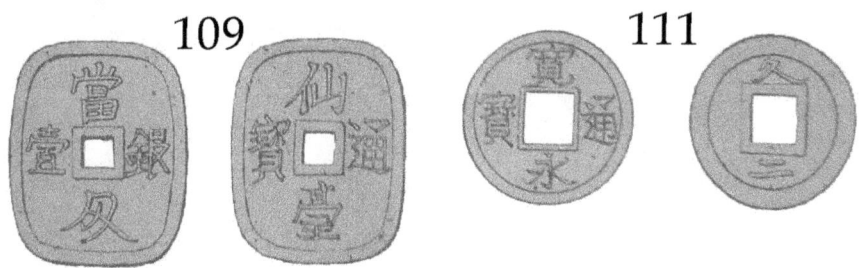

109   111

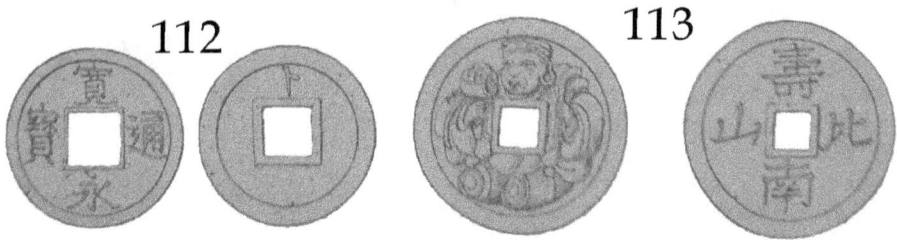

112   113

114

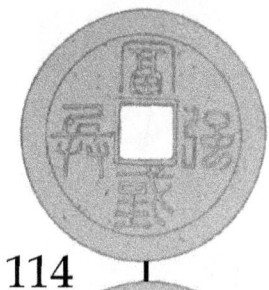
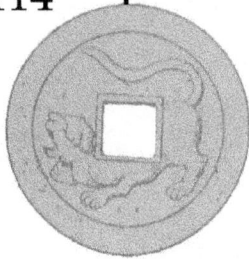

116

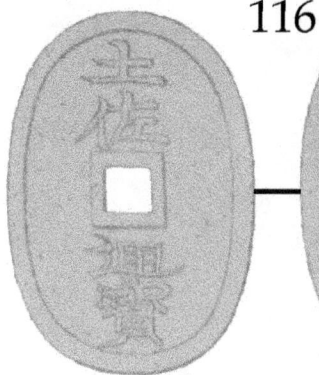
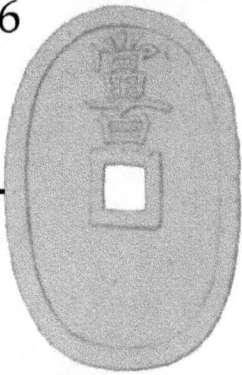

118

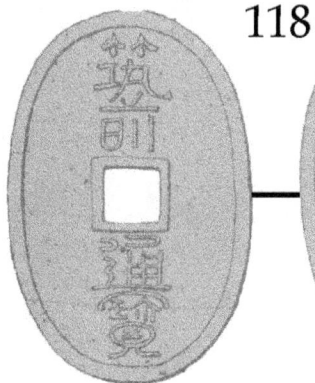
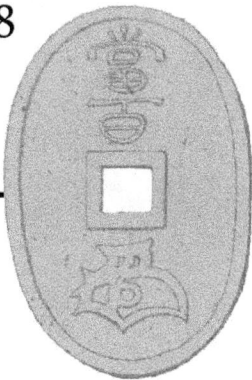

117

115

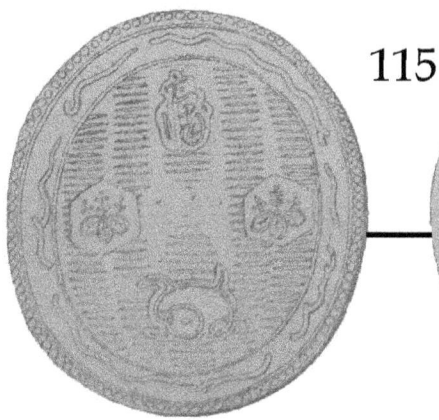
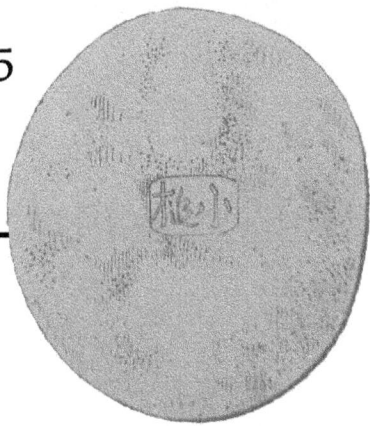

119
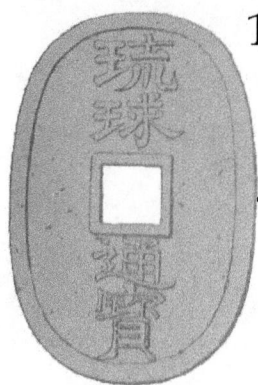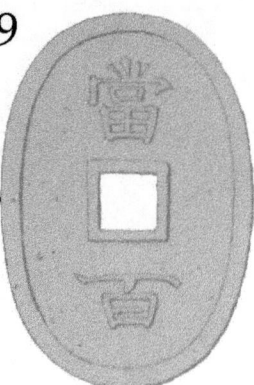

120
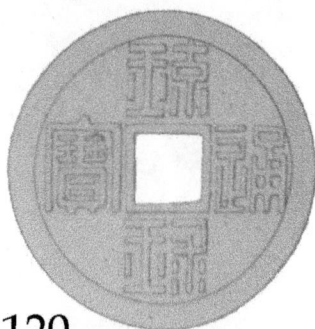
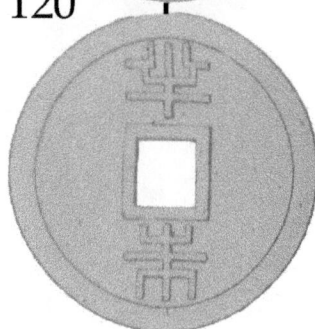

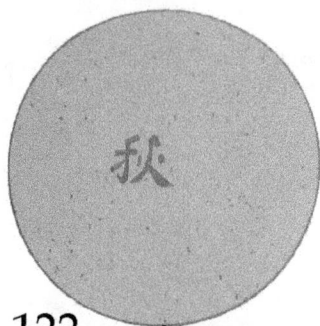

122
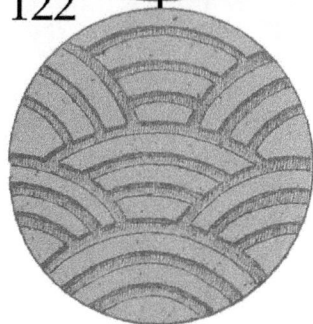

121
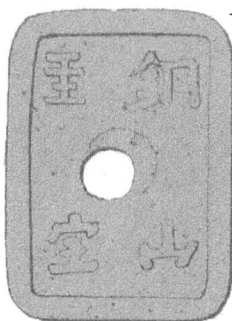

123
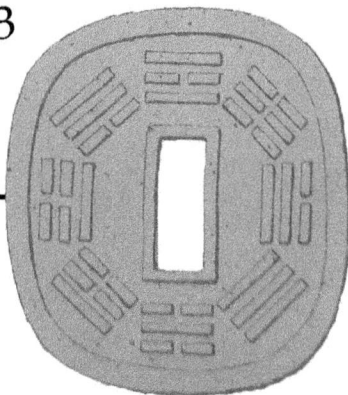

XXII

125

124

129

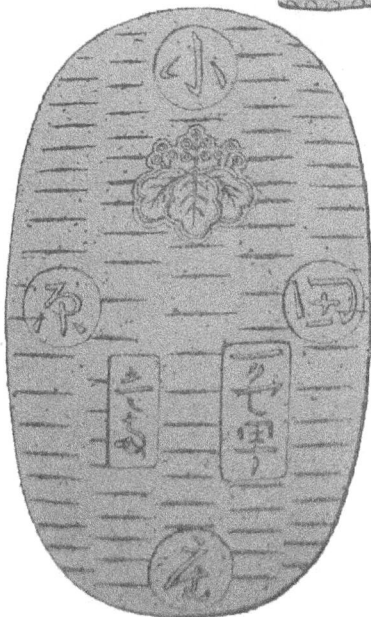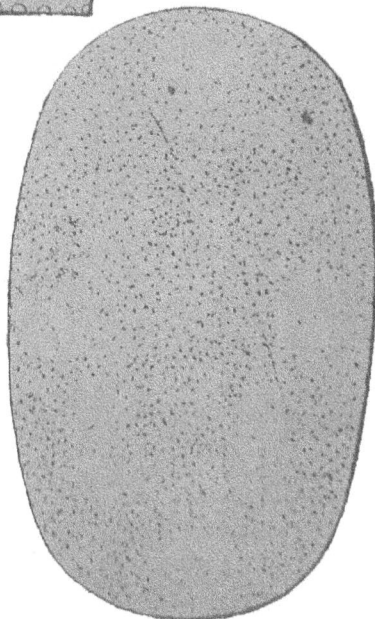

126

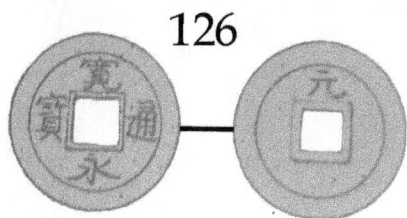

127

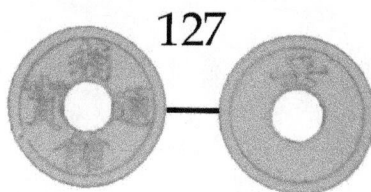

130

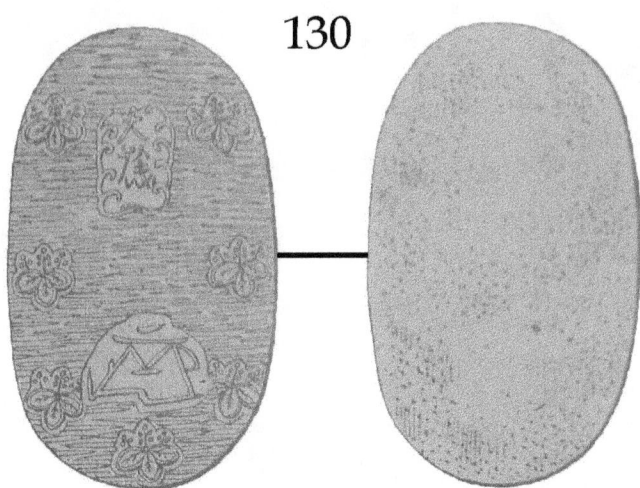

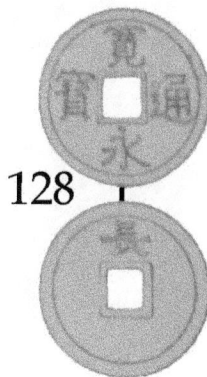

128

132

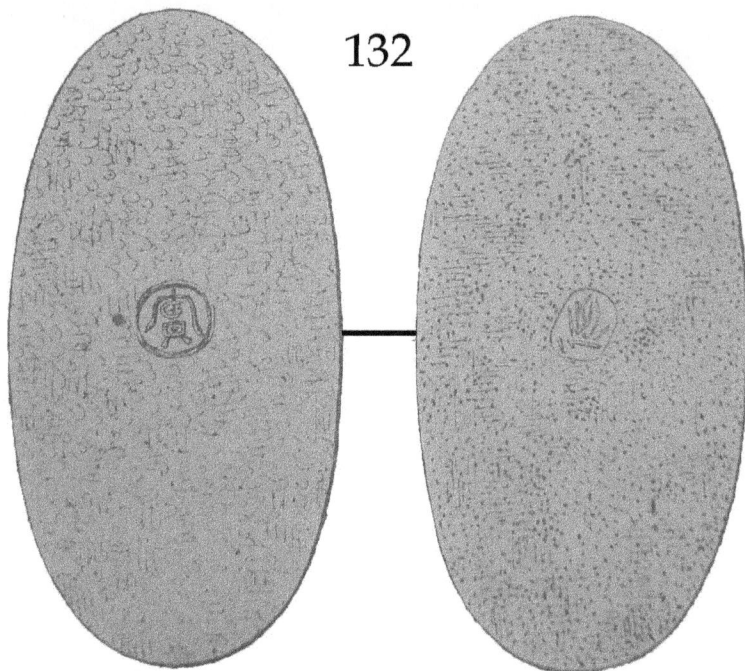

XXIV

131

133

 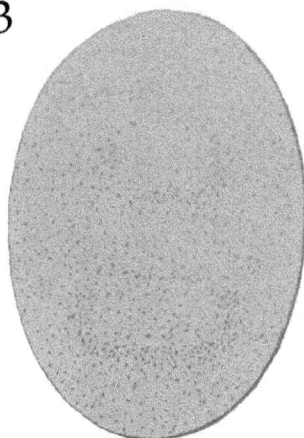

134

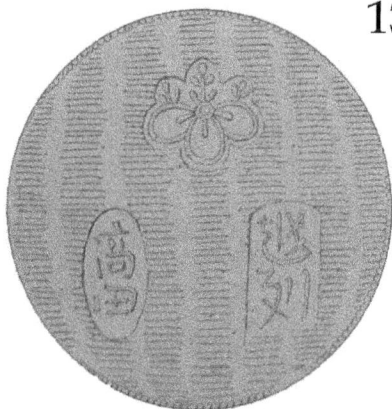 

135

136

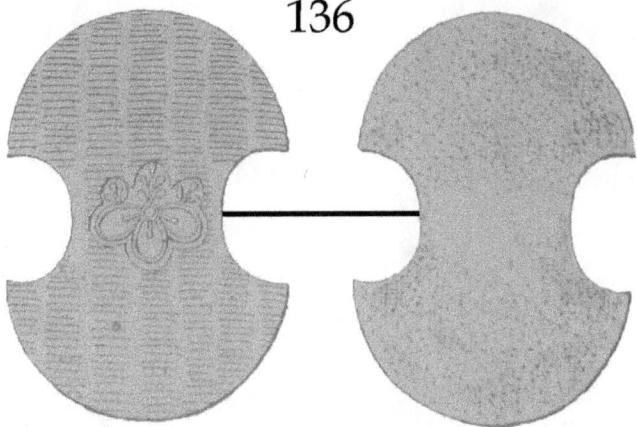

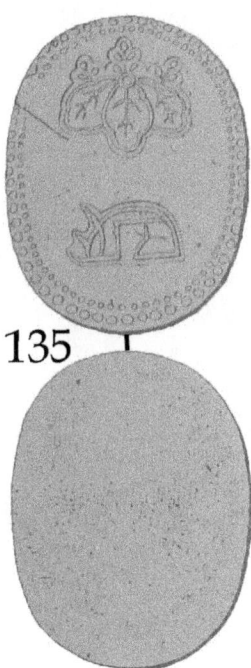

139

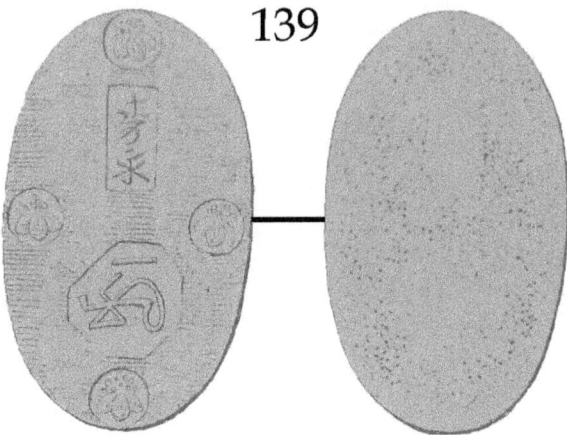

138

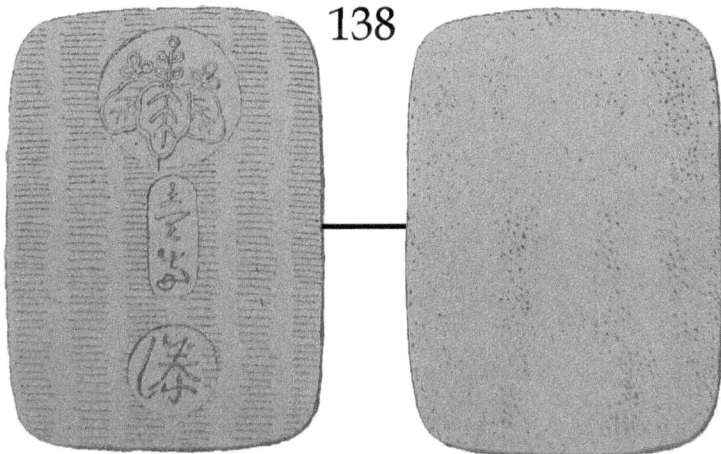

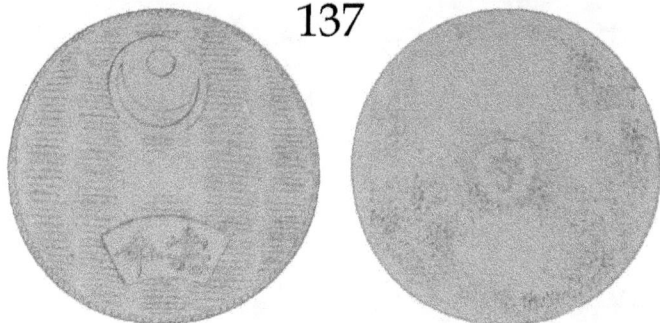

137

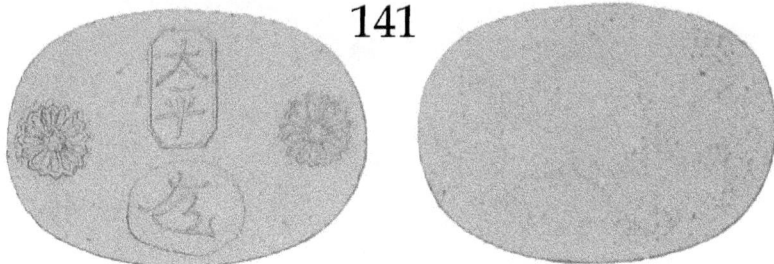

141

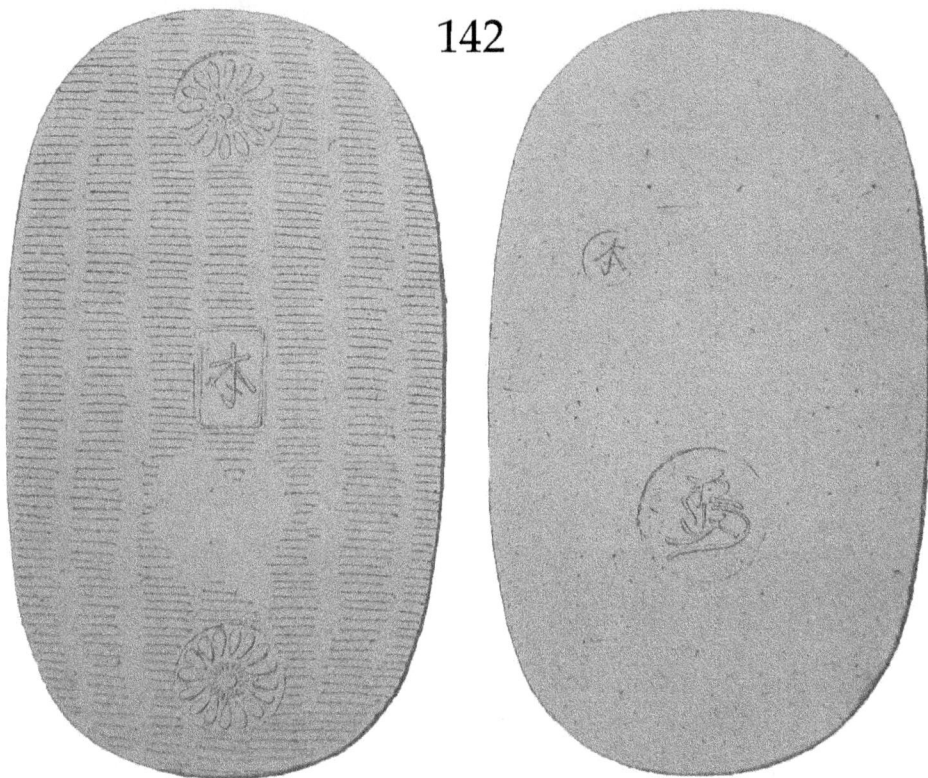

142

140

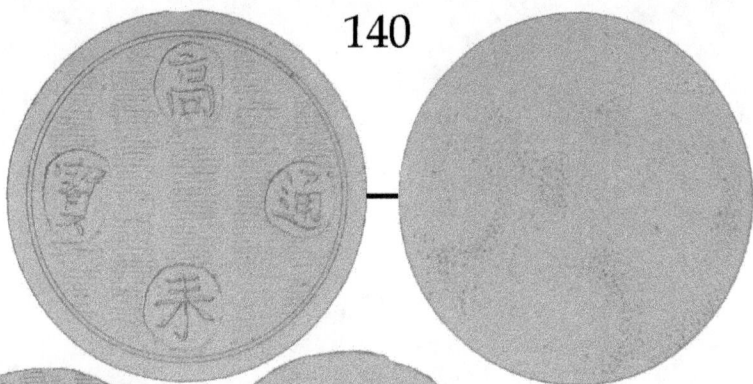

144

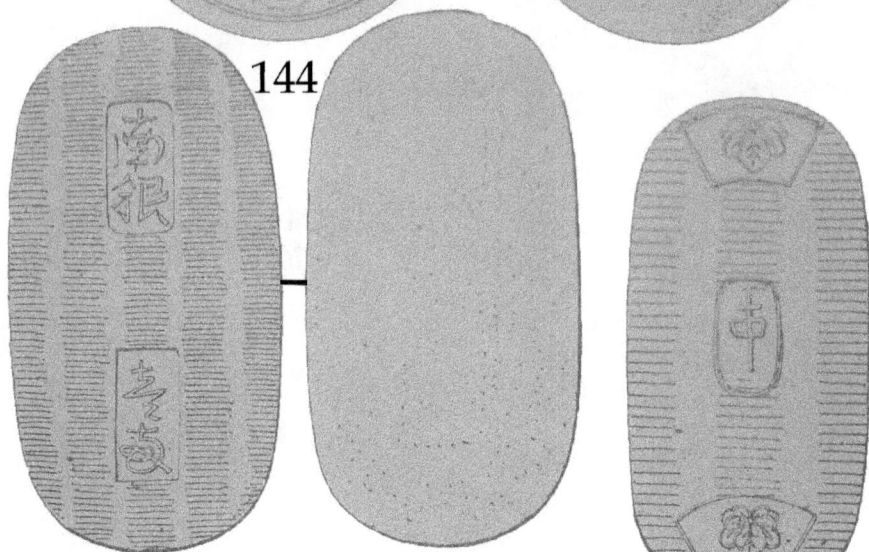

145

143

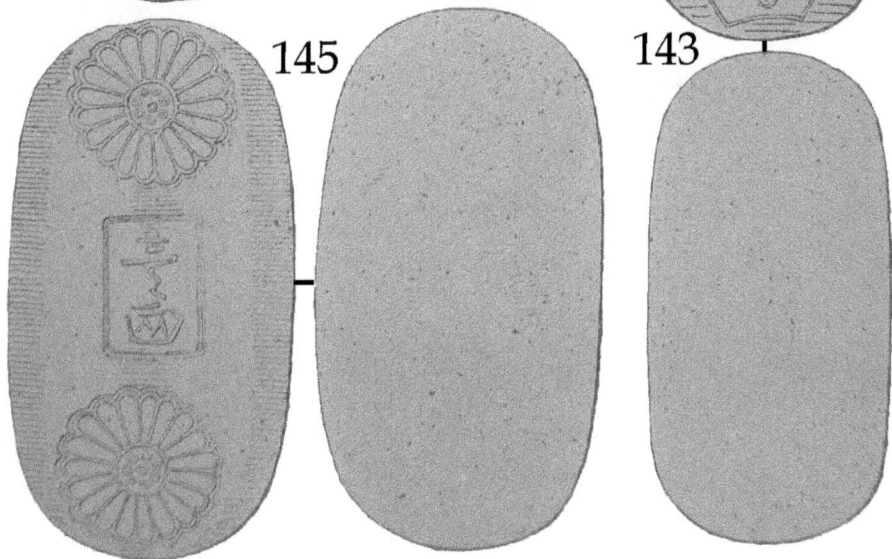

XXVIII

146

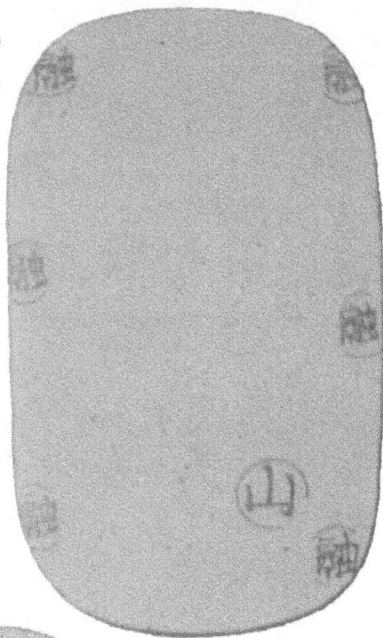

151

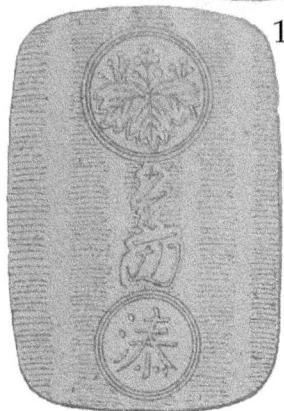

147

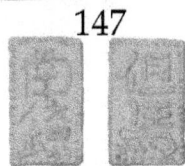

153

156

154

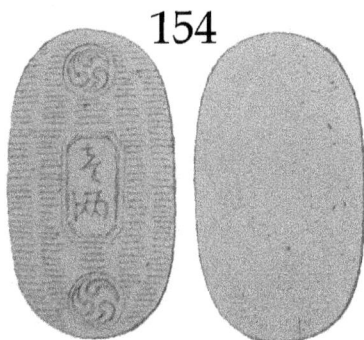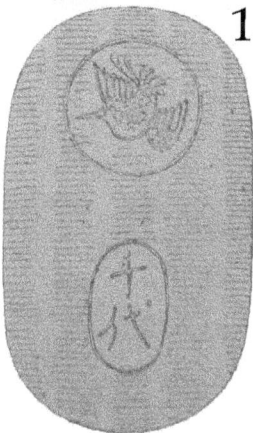

148

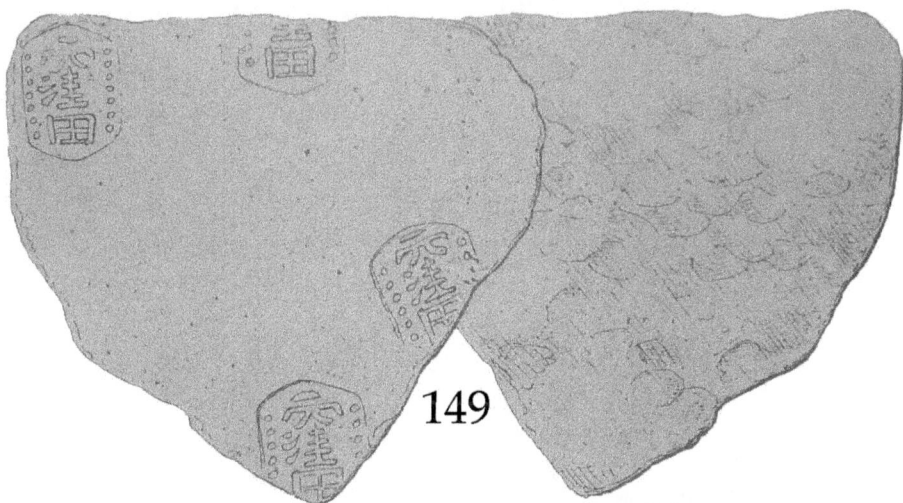

149

157

150

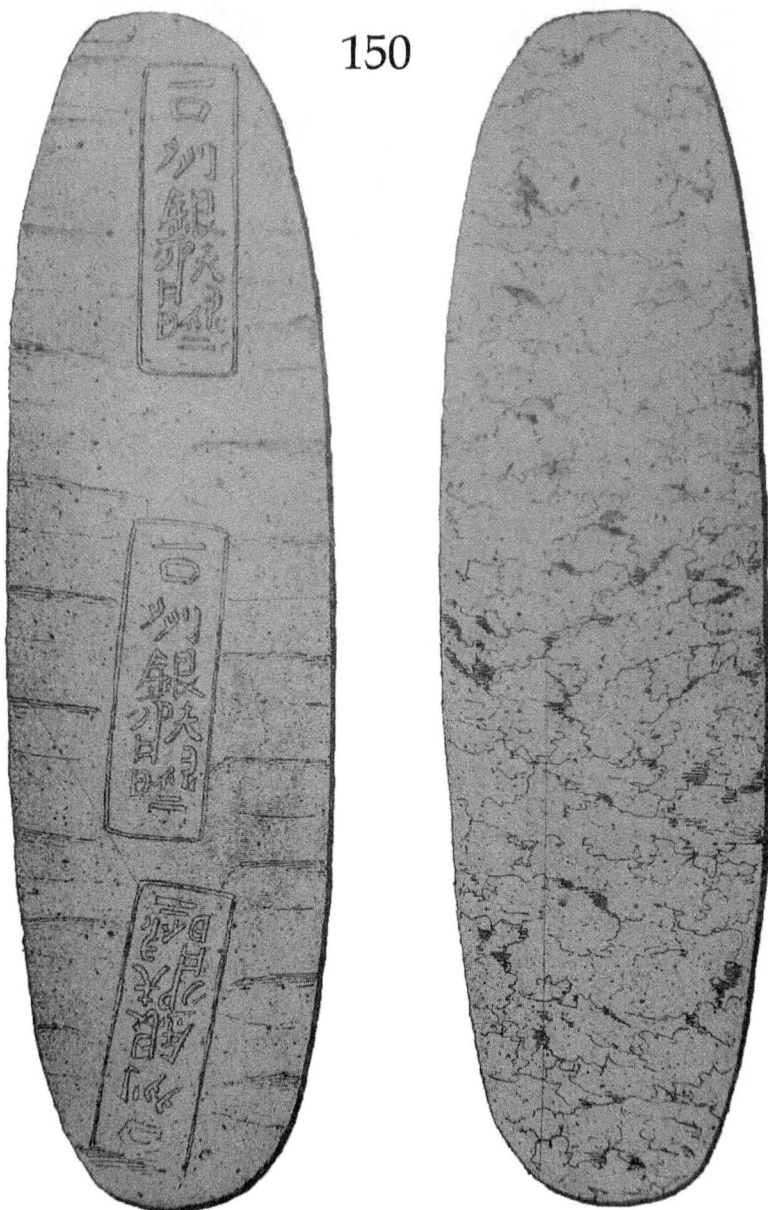

152

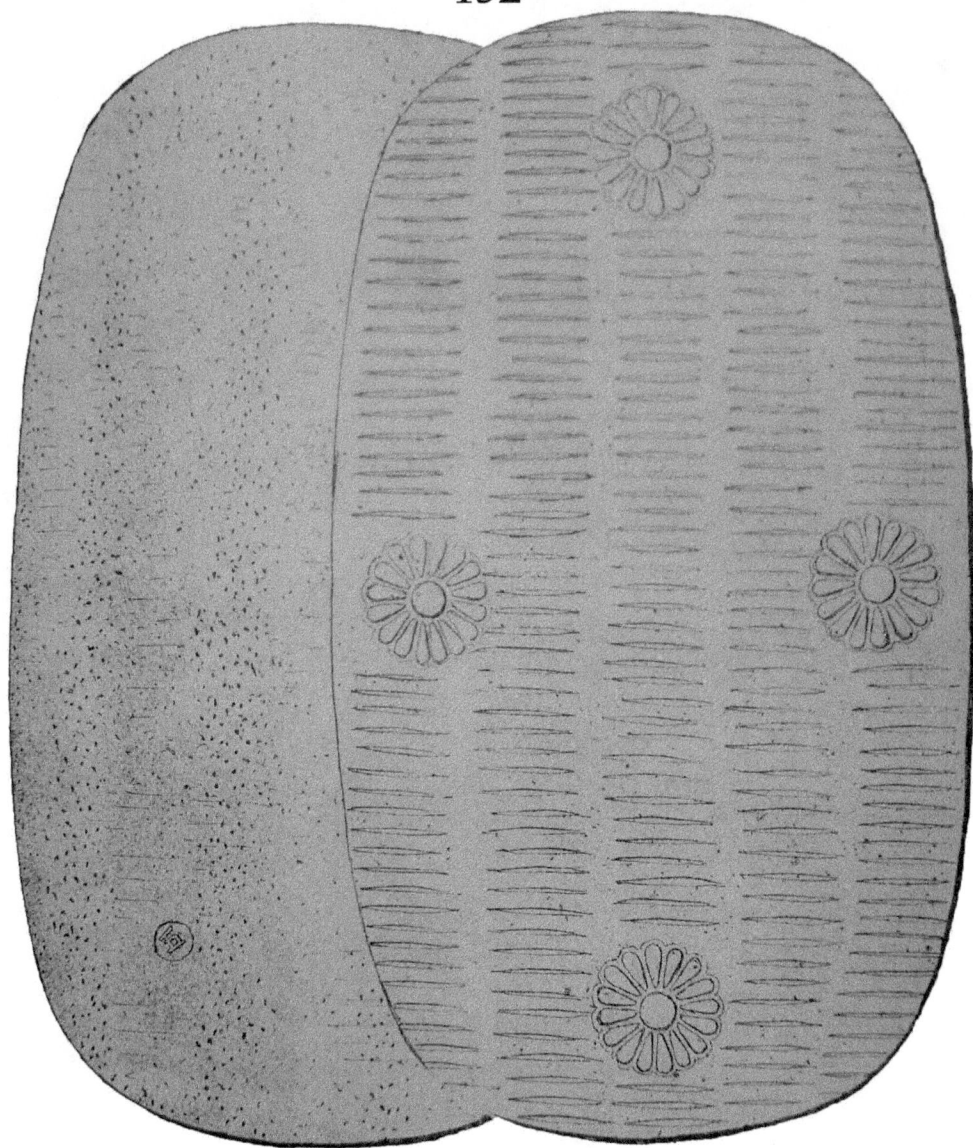

158

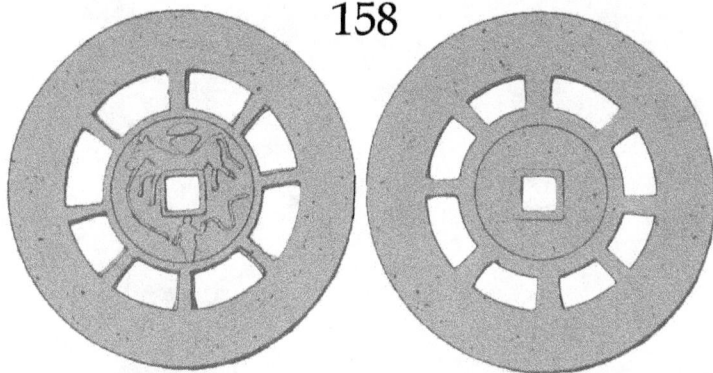

159

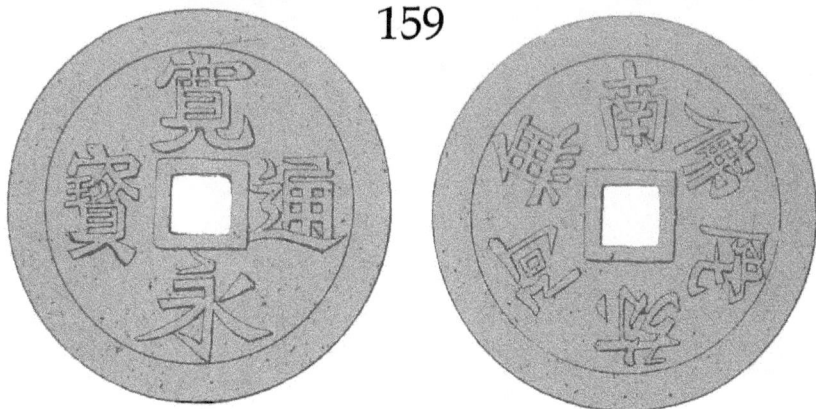

155

160

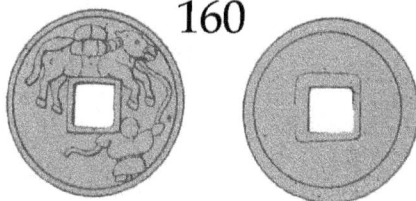

163

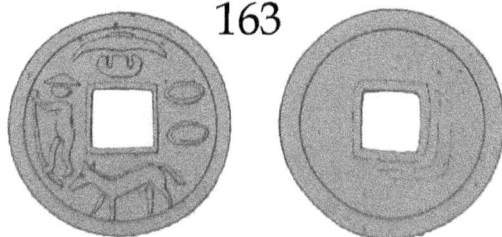

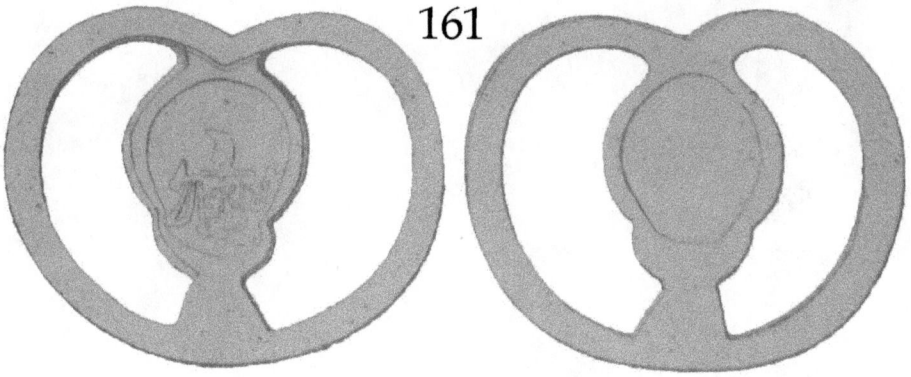

XXXIII

161

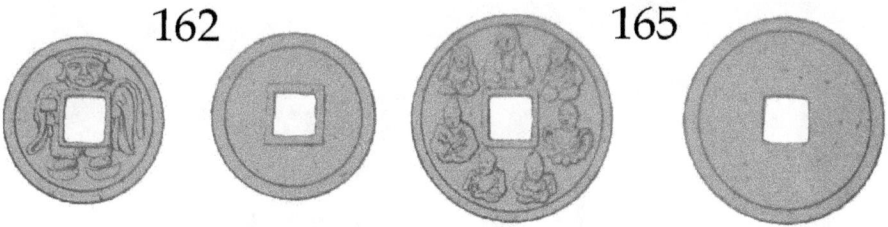

162   165

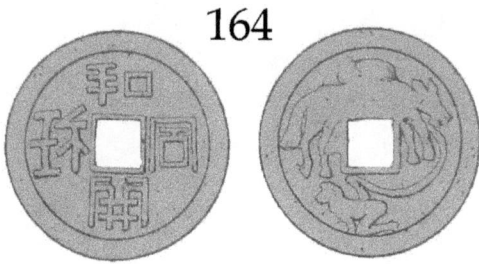

164

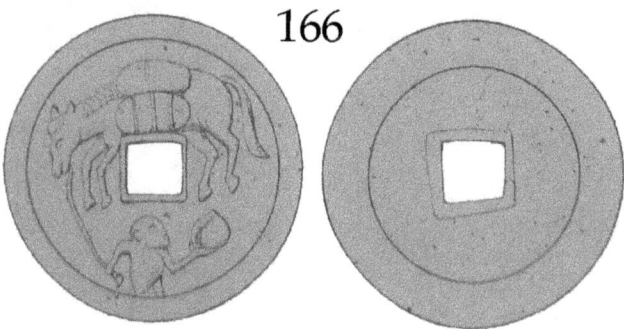

166

Table des matières

1ère Partie

2e Partie

3e Partie